城市道路交通组织设计
系列手册

HANDBOOK OF URBAN ROAD

INTERSECTIONS
CHANNELIZATION

DESIGN

城　市　道　路
平面交叉口渠化
设　计　手　册

公安部交通管理科学研究所

编著

机械工业出版社
CHINA MACHINE PRESS

本书总体划分为"基本概念篇""基本方法篇"和"综合应用篇"三个部分，着重从道路平面交叉口时空资源的精细化利用方面介绍改善交叉口通行安全、提高通行效率的基本原理及经验做法。本书的主要内容包括渠化设计相关知识、交通调查与分析、机动车通行设计、非机动车通行设计、行人通行设计、交通管理设施设计等，并提供了交叉口典型场景及常见问题的实际应用案例。从理论到实战，对道路交叉口渠化设计提供全面的技术指导。

本书适合交通管理者、科研院所专家、咨询设计单位等从业人员阅读使用。

图书在版编目（CIP）数据

城市道路平面交叉口渠化设计手册 / 公安部交通管理科学研究所编著．
— 北京：机械工业出版社，2021.4（2023.1 重印）
（城市道路交通组织设计系列手册）
ISBN 978-7-111-67789-5

Ⅰ.①城⋯　Ⅱ.①公⋯　Ⅲ.①城市道路 – 交叉路口 – 设计 – 手册
Ⅳ.① U412.35-62

中国版本图书馆 CIP 数据核字（2021）第 050011 号

机械工业出版社（北京市百万庄大街 22 号　邮政编码 100037）
策划编辑：李　军　　　　　责任编辑：李　军　王　婕
责任校对：张　薇　　　　　责任印制：单爱军
北京虎彩文化传播有限公司印刷

2023 年 1 月第 1 版第 2 次印刷
184mm × 260mm・15 印张・2 插页・278 千字
标准书号：ISBN 978-7-111-67789-5
定价：149.00 元

电话服务　　　　　　　　　　网络服务
客服电话：010-88361066　　　机　工　官　网：www.cmpbook.com
　　　　　010-88379833　　　机　工　官　博：weibo.com/cmp1952
　　　　　010-68326294　　　金　书　网：www.golden-book.com
封底无防伪标均为盗版　　　机工教育服务网：www.cmpedu.com

《城市道路交通组织设计系列手册》

指导委员会

《城市道路平面交叉口渠化设计手册》

编撰委员会

主　编：孙正良　公安部交通管理科学研究所

副主编：顾金刚　公安部交通管理科学研究所
　　　　刘东波　公安部交通管理科学研究所

参　编：李　娅　公安部交通管理科学研究所
　　　　王运霞　公安部交通管理科学研究所
　　　　王建强　公安部交通管理科学研究所
　　　　祖永昶　公安部交通管理科学研究所
　　　　刘　洋　公安部交通管理科学研究所
　　　　钱　晨　公安部交通管理科学研究所
　　　　王　波　公安部交通管理科学研究所
　　　　刘金广　公安部道路交通安全研究中心
　　　　褚昭明　公安部道路交通安全研究中心
　　　　成超锋　公安部道路交通安全研究中心
　　　　马万经　同济大学
　　　　白　玉　同济大学
　　　　王　昊　东南大学
　　　　马永锋　东南大学
　　　　姜文龙　中国人民公安大学
　　　　韩凤春　中国人民公安大学
　　　　刘　东　中国人民公安大学
　　　　张水潮　宁波工程学院
　　　　宛　岩　宁波工程学院
　　　　戴继锋　中国城市规划设计研究院
　　　　陈　仲　中国城市规划设计研究院
　　　　汪　涛　上海济安交通工程咨询有限公司
　　　　孙　伟　上海济安交通工程咨询有限公司

前　言

　　随着我国城市社会经济的快速发展，城镇化进程不断推进，城市道路交通流量迅速增长，交通拥堵、交通事故、环境污染等问题日益加剧，制约了城市的社会经济发展。2015年召开的中央城市工作会议明确提出，要"加强城市精细化管理，着力解决城市病等问题"。习近平总书记多次指示，要把解决大城市的交通拥堵问题放在首要位置，并且要求"城市管理应该像绣花一样精细"。为深入贯彻中央城市工作会议和习近平总书记系列重要指示精神，推动治理交通拥堵、出行难、停车难等"城市病"，公安部、中央文明办、住房城乡建设部、交通运输部决定进一步创新城市道路交通管理模式，从2017年起在全国组织实施"文明畅通提升行动计划"，并在工作任务中明确提出"完善道路交叉口交通渠化设计，优化交通信号控制技术，进一步提升交叉口通行效率"。在此背景下，有必要组织编撰具有我国特色的城市道路交通组织设计手册，用于科学指导各地的城市道路交通治理工作。

　　根据当前城市道路交通组织管理工作的实际需要，拟编撰以下系列手册：平面交叉口渠化设计、交通信号控制设计、指路标志设置设计、干道交通组织设计、快速路交通组织设计、区域交通组织设计、路内停车管理设计、公交优先交通组织设计、占道施工交通组织设计、城市交通指挥中心功能结构设计等。手册的内容既有基础理论的介绍，又有实战经验的总结，力争通俗、易懂，对解决实际问题有较强的指导性。

　　本分册为《城市道路平面交叉口渠化设计手册》，着重从道路平面交叉口时空资源的精细化利用方面介绍改善交叉口通行安全、提高通行效率等基本原理及经验做法，具体内容包括渠化设计相关知识、交通调查与分析、机动车通行设计、非机动车通行设计、行人通行设计、交通管理设施设计等，并按照交叉口的常见问题和典型场景分类，提供了一些典型的实际应用案例供读者参考。

　　本分册编撰工作由公安部交通管理科学研究所牵头，联合公安部道路交通安全研究中心、同济大学、东南大学、中国人民公安大学、中国城市规划设计研究院城市交通研究分院、宁波工程学院、上海济安交通工程咨询有限公司等院校和研究单位共同完成。在编撰过程中，从需求调研、素材收集，到编辑整合、汇集成册，各单位分工合作、反复研修，付出了很大的努力和心血，在此表示感谢！在公安部交通管理局的大力支持下，北京、天津、哈尔滨、大连、上海、南京、杭州、宁波、济南、武汉、广州、深圳、重庆、成都、西安等城市的公安交通管理部门为本分册提供了大量的实战应用案例，并在技术应用方面提供了很多帮助，在此也表示感谢！同时，还要对引用参考的所有文献资料的机构与作者，对所有关心和支持本分册编撰的领导和专家表示衷心的感谢！

　　《城市道路平面交叉口渠化设计手册》的编撰和出版得到了国家重点研发计划项目"城市多模式交通系统协同控制关键技术与系统集成"（项目编号：2018YFB1601000）以及公安部交通管理局的支持和资助。

　　由于编者水平有限，文中难免出现疏漏不当之处，敬请批评指正！

编　者

2020 年 12 月

目　录

CONTENTS

城市道路
平面交叉口渠化 >>>
设计手册

第一部分

基本概念篇

第1章 概述

Chapter One

1.1 » 主要目的

道路交叉口是道路系统中极为重要的构成要素，是交通流在道路间转换的重要节点。近年来，城市道路基础设施的建设虽然有了长足的发展，但是由于种种原因，交通秩序混乱、交通拥堵等问题仍比较突显，特别是在道路交叉口表现尤为突出。其中主要原因之一，就是城市交叉口的渠化设计科学化、规范化、精细化程度不足，导致交叉口交通安全状况不佳、秩序混乱、通行效率不高等现象较为突出，从而成为城市道路系统中交通事故的多发点、交通运行的拥堵点和通行能力的制约点。因此，科学、合理地渠化设计交叉口，理顺交叉口交通秩序、合理分配路权，是保持城市道路交通系统安全与畅通的决定因素之一。

渠化设计通过对道路资源精耕细作以及对时空资源的精确分配，明确通行权益、规范通行行为、保障路网交通安全，能够充分提升道路交叉口的通行效率，而且具有投资少、见效快的特点，对于改善道路通行条件、缓解交通拥堵有着重要的意义。道路交通管理部门应充分掌握交叉口渠化和交通组织的理论、方法与技术，不断推动交通管理精细化进程。

国外发达国家在平面交叉口渠化方面建立了比较完整的规范或者手册指导体系。例如，美国的MUTCD（Manual on Uniform Traffic Control Devices）中规定了渠化设计相关的交通标志、标线和信号灯的设计、设置及使用的原则和标准，手册已结合实际工程应用进行多次修订与调整；日本的《平面交叉路口的规划与设计》提出渠化是解决交通拥堵的有效手段，并且着重介绍了右转车道的设计参数、导向岛与导流线设计、人行横道设计、路面标志标线与安全设施设计等。

国内在平面交叉口渠化的研究方面起步较晚，目前较为成熟的指导文件或研究主要有：国家标准《城市道路交叉口规划规范》（GB 50647—2011），在对交叉口的车道布设、控制方式等内容规定时，融合了部分交通组织的理念和方法；上海地方标准《城市道路平面交叉口规划与设计规程》（DGJ 08—96—2013）中规定对于新建道路交叉口都需要进行渠化，并且对交叉口相关设计做出了规定，以此指导上海市城市道路设计；同济大学杨晓光在2003年的著作《城市道路交通设计指南》中从交通设计层面在国内首次提出了平面交叉口渠化设计与信号灯配时的方法，并在2010年的著作《交通设计》中系统地阐述了交通设计的基本理论与方法及其应用技术；国家标准《城市道路交通组织设计规范》（GB/T 36670—2018）中规定了行人过街、车辆通行等交叉口交通组织设计的基本要求。总体来看，在城市道路交叉口渠化设计应用方面，目前国内仍缺少专门的实用技术手册。虽然各地在城市道路交通管理工作中，积极开展了大量的交通组织优化设计探索和实践，但在交叉口渠化设计时，由于缺乏规范化、系统化的技术指导，方案不合理、配套设施不足、管理方式不当等问题仍然较为突出，没有真正发挥渠化设计对交通的优化作用。

因此，为推动城市道路尤其是交叉口的交通更加安全、有序、畅通，亟需编制较为翔实、完善、实用性强的技术指导手册。本次编制的《城市道路平面交叉口渠化设计手册》（以下简称《渠化手册》）系统性地介绍了城市道路交叉口渠化设计的主要思路、工作流程、工作内容和技术要求，旨在为交通设计人员和交通管理者有效开展交叉口渠化设计实践工作，积极应对城市交通问题，努力打造良好的交通环境，在促进各地城市交通管理水平不断提升方面发挥一定的作用。

1.2 » 阅读向导

为方便阅读，《渠化手册》的编写过程中，从内容结构上分为基本概念、基本方法、综合应用三部分，各部分的主要内容如下：

第一部分　基本概念篇

第1章　概述：介绍手册编制的背景和意义以及本手册的阅读向导。

第2章　渠化设计相关知识：从与交叉口渠化设计相关的基本概念出发，依次介绍城市道路分类、交叉口类型、交叉口通行需求以及交叉口通行规则，为后续章节的阅读提供基本概念的基础。

第3章　渠化设计总体概述：介绍交叉口渠化设计的基本内容，包括渠化设计的基本要求、设计对象、一般设计流程、典型场景和渠化设计对策等，便于手册使用者较为系统地了解渠化设计的相关要点。

第二部分 基本方法篇

第4章 交通调查与分析：介绍交通调查的方式及内容，并分别阐述了规划资料的搜集以及交通供给信息、交通管控信息、交通安全状况、交通需求等调查内容。

第5章 机动车通行设计：介绍交叉口机动车通行组织相关的设计要点，具体包括交叉口进口道和出口道的车道功能划分方法、左转和右转专用车道的设置条件和设置方法、交叉口内行车流线设计以及可变导向车道和交叉口限制转向的设置条件和设置方法等。

第6章 非机动车通行设计：介绍了交叉口非机动车通行组织相关的设计要点，具体包括非机动车道设计、非机动车通行方式设计以及非机动车等候区设计等。

第7章 行人通行设计：介绍交叉口行人通行组织相关的设计要点，具体包括交叉口的人行横道设计、人行道过街等候区设计、过街安全岛设计、无障碍设施设计以及行人通行品质提升设计方法等。

第8章 交通管理设施设计：从交通管理需求的角度，重点阐述了交叉口交通管理设施的设计要点，主要包括用于道路信息指引、车道变化指引、禁令信息指引的相关交通标志标线的设置方法以及交通信号灯的设置方法。

第9章 渠化设计评价：简要介绍交叉口渠化设计方案的评价指标、评价方法以及综合评价等。

第三部分 综合应用篇

本部分主要介绍了常见情形下，诸如面积较大的交叉口、畸形交叉口和环形交叉口等情形下的渠化设计方法，分析了不同类型交叉口的交通特征以及常见的解决方法，并分享了部分城市的创新经验做法。

第2章 渠化设计相关知识

Chapter Two

本章主要介绍了城市道路分类（按照道路等级、道路功能和道路断面等划分）、交叉口类型（按照几何形式、相交道路等级等划分）、交叉口通行需求（交通安全和交通畅通等需求）、法定的通行规则及常见的通行控制措施等，为后续章节的阅读奠定基础。

2.1 » 城市道路分类

道路是供各种车辆和行人通行的基础设施，按其使用特点分为公路、城市道路、乡村道路、厂矿道路、林业道路、考试道路、竞赛道路、汽车试验道路、车间通道以及学校道路等。

城市道路按照道路功能等级和横断面设计进行分类。

2.1.1 道路功能等级

国家标准《城市综合交通体系规划标准》（GB 51328—2018）规定，不同城市应根据城市规模、空间形态和城市活动特征等因素确定城市道路类别的构成。城市道路功能等级分为三大类、四中类和八小类。

（1）大类划分

道路功能等级大类的划分主要用于城市道路功能确定以及与框架性空间布局规划衔接，主要分为干线道路、集散道路和支线道路三类。

- **干线道路**

干线道路是城市的骨架，主要承担城市中、长距离的交通出行。干线道路主要包括快速路和主干路。

- **集散道路**

集散道路联系干线道路和支线道路，同时也承担了部分中、短距离的交通出行，里程比重较少，但功能重要。集散道路为次干路。

- **支线道路**

支线道路是城市交通的"毛细血管"，主要承担城市功能区内部的短距离地方性活动组织，同时也是城市街道活动组织的主要空间，更加注重街道活动的保障和特色塑造。支线道路为支路。

（2）中类划分

中类用于承接历史道路功能分类并与宏观的空间分区衔接，主要分为快速路、主干路、次干路和支路。

- **快速路**

快速路具有很强的通过性交通特征，且交通容量大，行车速度快，服务于市域范围的长距离交通及对外交通。快速路主要的交通特点是连续流、主线中央设有分隔带、车辆可以保持较高车速行驶。快速路须控制出入口间距，与其他主干路、次干路和支路保持相对独立，保障交通流连续通行；单向设置不应少于两条车道，并应设有配套的交通安全与管理设施。快速路两侧不应设置吸引大量车流、人流的公共建筑物的出入口。设计车速为60~100km/h，车道宽度一般为 3.5~3.75m。

- **主干路**

主干路应连接城市各主要分区，以交通功能为主，它与快速路共同构成城市干线道路。I级、II级主干路为市域范围内较长距离出行提供服务，两侧不宜设置吸引大量车流、人流的公共建筑物的出入口，其"通行"功能优于"通达"功能；III级主干路除为城市分区内部中等距离交通联系提供辅助功能外，还为沿线用地服务较多。主干路相交道路一般为平面交叉口，交通流为间断流；设计车速为 40~60km/h。

- **次干路**

次干路是城市内部区域间联络道路，兼有集散交通和服务性功能。其服务对象的多样性决定了其功能的多样性：既要汇集支路的交通，又要疏解来自主干路和部分快速路的出入交通，兼有"通"和"达"的功能。次干路两侧地块出入对其主线交通影响较大，且需要汇集较多的非机动车和行人交通。次干路设计车速为 30~50km/h。

- **支路**

支路是次干路与街坊内部道路的连接线，以服务性功能为主，主要服务于非机动车和行人交通，允许汽车低速通行。其中，I级支路主要为短距离地方性活动组织服务，设计车速为 20~30km/h；II级支路主要为短距离地方性组织服务的街坊内道路、步行、非机动车专用路等，其设计速度根据实际情况确定。

城市道路功能等级的划分与城市功能连接、城市用地服务的关系见表2-1。

表 2-1 城市道路功能等级划分及交通特点

大类	中类	小类	功能说明	设计车速/(km/h)	双向车道数
干线道路	快速路	Ⅰ级	为城市长距离机动车出行提供快速、高效的交通服务	80~100	4~8
		Ⅱ级	为城市长距离机动车出行提供快速交通服务	60~80	
	主干路	Ⅰ级	为城市主要分区（组团）间的中、长距离联系交通服务	60	6~8
		Ⅱ级	为城市分区（组团）间的中、长距离联系以及分区（组团）内部主要交通联系服务	50~60	4~6
		Ⅲ级	为城市分区（组团）间联系以及分区（组团）内部中等距离交通联系提供辅助服务，为沿线用地服务较多	40~50	
集散道路	次干路	次干路	为干线道路与支线道路的转换以及城市内中、短距离的地方性活动组织服务	30~50	2~4
支线道路	支路	Ⅰ级	为短距离地方性活动组织服务	20~30	2
		Ⅱ级	为短距离地方性活动组织服务的街坊内道路，步行、非机动车专用路等	—	—

2.1.2 横断面设计

城市道路横断面直接关系到不同等级道路的基本功能，还直接影响到通行效率和安全性。城市道路横断面组成要素通常包括机动车道、非机动车道、人行道、中央分隔带和机非分隔带等。

道路横断面形式从横向布置分类，目前使用的横断面从单幅路到八幅路均有，较为常见的为单幅路、两幅路、三幅路和四幅路。从竖向布置分类，有地面式、高架式和路堑式。本手册主要介绍的是常见的道路横断面类型，其断面的特点和适用情况见表2-2。

表 2-2　常见道路断面形式的特点和适用情况

形式	断面示意图	交通特点	适用情况
单幅路		·相向行驶的机动车流无分隔 ·机动车车速较低	·机动车流量不大、非机动车流量较少、红线较窄的次干路 ·交通量较小、车速低的支路 ·用地不足、拆迁困难的老城区道路 ·集文化、旅游、商业功能为一体，且红线宽度在40m以上，具有游行、迎宾、集合等特殊功能的主干路
两幅路		·相向行驶的机动车流有分隔 ·不受对向机动车流干扰 ·内侧车道车速较高	·机动车交通量不大、非机动车流量较小的主干路 ·红线宽度较宽的次干路
三幅路		·相向行驶的机动车流无分隔 ·机非分隔 ·排除了机非的相互干扰 ·机动车速较高，非机动车行驶较安全	·机动车和非机动车流量较大的主干路 ·需设置辅路的主干路 ·红线宽度较宽的次干路
四幅路		·相向行驶的机动车流有分隔 ·机非分隔 ·排除了纵向交通流之间的干扰 ·机动车行驶速度快 ·非机动车行驶较安全	·机动车、非机动车流量均较大的主干路或快速路 ·需要设置辅路的快速路和主干路

2.2 » 交叉口类型

　　道路交叉口是两条或两条以上的道路相交处，是车辆与行人汇集、转向和疏散的必经之地，是交通的咽喉。正确地设计道路交叉口、合理地组织和管理交叉口交通，是保障交通安全和提高通行能力的重要手段。交叉口一般可分为平面交叉口和立体交叉口，本手册主要研究平面交叉口，包括新建、改建和治理型交叉口。

2.2.1 几何形状

按照交叉口的几何形状,一般可分为十字交叉口、T形交叉口、Y形交叉口、X形交叉口、错位交叉口、多路交叉口和环形交叉口等,见表2-3。

表2-3 交叉口几何形式示例

交叉口形状	形状示例	路口简介
十字交叉口		两条道路相交交叉口,交角为75°~105°;十字交叉口形式简单,交通组织方便,适用范围广,是最基本的交叉口形式
T形交叉口		道路交角为75°~105°,适用于主次道路的交叉,主要道路应设置在直行方向
Y形交叉口		三条路相交且交角小于75°或大于105°的交叉口;在交角较小的时候对交通不利,且锐角进口处视距不良
X形交叉口		两条道路相交且交角大于105°或小于75°的交叉口;在交角较小的时候对交通不利,而且锐角进口处视线不良
错位交叉口		两个相距很近的T形交叉口形成的交叉口;由于车辆交织段长度较短,对主路的交通秩序和通行效率影响较大
多路交叉口		五条及以上道路相交形成的交叉口,随着相交道路数量的增加,交通冲突点的数目也将大幅增加
环形交叉口		几条相交道路的路口中央设置中心岛,通过环岛组织交通,使进入环岛的车辆一律按照逆时针方向行驶

2.2.2 相交道路等级

国家标准《城市道路交叉口规划规范》（GB 50647—2011）中按照相交道路的等级，将交叉口分为 9 类，分别是快速路与快速路交叉口、快速路与主干路交叉口、快速路与次干路交叉口、主干路与主干路交叉口、主干路与次干路交叉口、主干路与支路交叉口、次干路与次干路交叉口、次干路与支路交叉口、支路与支路交叉口。其中，涉及本手册所指的平面交叉口共 6 类，见表 2-4。

表 2-4　交叉口分类

序号	交叉口类别	路口功能及基本要求
1	主 – 主交叉口	·应满足主干路主要流向车流畅通 ·车流能以中等速度间断通行 ·以交通功能为主，并符合主干路的基本要求
2	主 – 次交叉口	·应满足主干路畅通及次干路、主干路间转向交通需求 ·车流能以中等速度间断通行 ·以集散交通功能为主、兼有次干路局部生活功能 ·应符合主、次干路的要求以及交叉口通行能力与转向交通需求相匹配的要求
3	主 – 支交叉口	·应满足主干路畅通，车流能以中等速度间断通行 ·支路应右进右出主干路，必要时，经论证可选用其他相交形式 ·主干路应以交通功能为主，支路应以生活功能为主，并符合主、支道路的要求
4	次 – 次交叉口	·应满足次干路主要流向车流畅通 ·能以中等速度间断通行 ·应兼具交通与生活功能，并应符合次干路的要求
5	次 – 支交叉口	·应满足次干路集散交通功能和支路的生活功能 ·当不采用信号控制时，应保证次干路车流连续通行 ·应符合次、支道路的要求
6	支 – 支交叉口	·应满足生活功能 ·应符合支路的要求

2.3 » 交叉口通行需求

2.3.1 交通安全需求

交通安全是交通出行者的最基本需求，在交通流量不断增加的情况下，交叉口各方向交通流、各类型车辆的冲突变得日益复杂。因此，保证交通出行者的安全视距、分离和减少各类交通流的冲突点，是保障交叉口通行安全的重要措施。

2.3.1.1 安全视距

平面交叉口渠化设计应保证各方向各车道车辆和行人的安全视距，并净化机动车驾驶人的视野。交叉口附近的所有绿化和市政公用设施，均应以不阻挡驾驶人视线为准则，凡妨碍视线的建筑或绿化均应拆除或砍伐，以确保行车视距要求。

在交叉口、次要道路汇入处等转向地点，必须满足与车辆行驶速度相应的安全停车视距要求。安全停车视距三角形是指交叉口处，以任一进口道的最外侧的车道中线与右侧相交道路进口道最内侧的车道中线的交点为顶点，沿两条车道中线按其限制车速行驶所需要的安全停车视距长度为两边所组成的三角形区域，如图2-1所示。

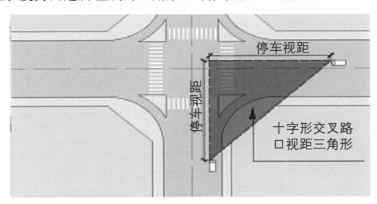

图2-1　安全停车视距三角形示意图

国家标准《城市道路交叉口规划规范》（GB 50647—2011）规定，交叉口必须满足安全停车视距三角形限界要求，安全停车视距不得小于表2-5的规定。在视距三角形限界内，不得设置任何高于道路平面1.0m且影响驾驶人视线的物体；但在不影响驾驶人视线的情况下，可以规划布设交通信号灯、交通标志等高出道路平面标高1.0m的必要交通设施。

表2-5　交叉口视距三角形要求的安全停车视距

路线设计车速 /（km/h）	60	50	45	40	35	30	25	20
安全停车视距 /m	75	60	50	40	35	30	25	20

2.3.1.2 交通冲突

交通冲突是指交通参与者之间发生相会、超越、交错、追尾等交通事件时，有可能导致交通危险发生的交通现象。交通冲突根据严重程度可以分为一般冲突与严重冲突；根据交通参与者的不同可以分为机动车与机动车冲突、机动车与行人冲突、机动车与非机动车冲突、非机动车与行人冲突、非机动车与非机动车冲突；根据冲突的形成机理可以分为交叉冲突、分流冲突、合流冲突、交织冲突。

当两股不同流向的交通流同时通过空间某点时，产生交通冲突，该点就称为冲突点。车辆通过冲突点时，有相互挤、碰、撞的可能性，冲突点越多，对交通安全及通行能力的影响就越大。图 2-2 所示为典型两相位信号控制交叉口冲突点分布图，从图中可以看出，共含有 2 个机动车分流冲突点、4 个机动车合流冲突点、2 个机动车交叉冲突点、10 个机动车与非机动车冲突点、4 个机动车与行人冲突点、4 个非机动车与行人冲突点。

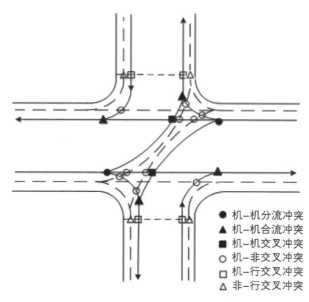

机–机分流冲突
机–机合流冲突
机–机交叉冲突
机–非交叉冲突
机–行交叉冲突
非–行交叉冲突

图 2-2　两相位信号控制交叉口冲突点分布图

2.3.2　交通畅通需求

交通畅通是交通出行者的常态需求，通过交叉口渠化设计，科学合理地优化车道功能，提高交叉口的通行能力和服务水平，避免因交叉口通行能力不足或不匹配等原因而导致出现交通拥堵现象。一般来说，交叉口的通行能力、服务水平等指标都是交叉口的交通效益评价指标，是交通畅通需求的直观体现。

2.3.2.1　通行能力

通行能力是指在一定的道路和交通条件下，单位时间内道路通过某一断面的最大交通流量。

（1）信号控制交叉口

信号控制交叉口的通行能力与信号配时方案尤其是绿信比密切相关。国家标准《道路交通信号控制系统术语》（GB/T 31418—2015）规定，信号交叉口通行能力是指交叉口各进口车道通行能力之和。其中，进口车道通行能力是指在一定信号控制条件下，车辆通过交叉口某进口车道停止线的最大当量流量，即饱和流量与绿信比的乘积。国家标准《城市道路交叉口规划规范》（GB 50647—2011）规定信号交叉口直行车道的基本饱和流量平均为 1650pcu/h，左转车道平均为 1550pcu/h，右转车道平均为 1450pcu/h（pcu 指标准车当量数）。

（2）让行控制交叉口

国家标准《城市道路交叉口规划规范》（GB 50647—2011）规定：减速让行交叉口的基本通行能力应为 1100~1580pcu/h，停车让行交叉口的基本通行能力应为 970~1560pcu/h。

2.3.2.2 服务水平

行业标准《城市道路工程设计规范（2016 年版）》（CJJ 37—2012）给出了道路服务水平的概念："服务水平是衡量交通流运行条件及驾驶人和乘客所感受的服务质量的一项指标，通常根据交通量、速度、行驶时间、行驶（步行）自由度、交通中断、舒适和方便等指标确定。"对于城市道路来说，衡量交叉口交通服务水平的最主要指标为交叉口的饱和度、延误、排队长度等指标。

美国《道路通行能力手册》将信号交叉口的服务水平分为 6 个等级，分别用 A~F 6 个字母表示每一级，其中 A 级服务水平代表最佳运行条件，F 级服务水平则最差。按照车道、各进口道和整个交叉口计算每辆车的平均控制延误。信号交叉口的服务水平用车辆的延误来衡量，衡量标准见表 2-6。

表 2-6　信号交叉口服务水平衡量标准

服务水平	延误 /（s/ 辆）
A	$T \leqslant 10$
B	$10 < T \leqslant 20$
C	$20 < T \leqslant 35$
D	$35 < T \leqslant 55$
E	$55 < T \leqslant 80$
F	$T > 80$

目前我国共包含 2 种信号交叉口服务水平的划分依据，可根据可获取的路口相关参数选取。

1）行业标准《城市道路工程设计规范（2016 年版）》（CJJ 37—2012）规定，信号交叉口服务水平共分为 4 个等级，可通过控制延误、负荷度和排队长度计算，划分标准见

表 2-7。

表 2-7 信号交叉口服务水平划分标准

服务水平	一级	二级	三级	四级
控制延误 /（s/ 辆）	< 30	30~50	50~60	>60
负荷度	< 0.6	0.6~0.8	0.8~0.9	>0.9
排队长度 /m	< 30	30~80	80~100	>100

2）行业标准《建设项目交通影响评价技术标准》（CJJ/T 141—2010）规定，信号交叉口服务水平共分为 6 个等级，可通过饱和度与延误计算，划分标准见表 2-8。如果交叉口进口道饱和度不大于 0.85，则使用饱和度进行进口道服务水平划分；否则，需要另行计算进口道延误，利用延误进行服务水平划分；比较使用饱和度与延误分别划分的服务水平等级是否一致，如果划分结果不同，则以延误进行的服务水平划分结果为准。

表 2-8 交叉口进口道饱和度服务水平划分标准

服务水平	交通状况	饱和度	延误 /（s/ 辆）
A	畅行车流，基本上无延误	$S \leqslant 0.25$	$T \leqslant 10$
B	稳定车流，有少量的延误	$0.25 < S \leqslant 0.50$	$10 < T \leqslant 20$
C	稳定车流，有一定的延误，但驾驶人可以接受	$0.50 < S \leqslant 0.70$	$20 < T \leqslant 35$
D	接近不稳定车流，有较大延误，但驾驶人还能忍受	$0.70 < S \leqslant 0.85$	$35 < T \leqslant 55$
E	不稳定车流，延误很大，驾驶人无法忍受	$0.85 < S \leqslant 0.95$	$55 < T \leqslant 80$
F	交通阻塞，车流时停时开	$S > 0.95$	$T > 80$

2.4 » 交叉口通行规则

2.4.1 法定通行规则

机动车、非机动车和行人在交叉口应当按照交通信号通行；遇有交通警察现场指挥时，应当按照交通警察的指挥通行；在没有交通信号的道路上，应当在确保安全、畅通的原则下通行。

2.4.1.1 机动车通行规则

《道路交通安全法》第四十四条 机动车通过交叉路口，应当按照交通信号灯、交通标志、交通标线或者交通警察的指挥通过；通过没有交通信号灯、交通标志、交通标线或者交通警察指挥的交叉路口时，应当减速慢行，并让行人和优先通行的车辆先行。

《道路交通安全法实施条例》第五十一条 机动车通过有交通信号灯控制的交叉路口，应当按照下列规定通行：

（一）在划有导向车道的路口，按所需行进方向驶入导向车道。

（二）准备进入环形路口的让已在路口内的机动车先行。

（三）向左转弯时，靠路口中心点左侧转弯；转弯时开启转向灯，夜间行驶开启近光灯。

（四）遇放行信号时，依次通过。

（五）遇停止信号时，依次停在停止线以外；没有停止线的，停在路口以外。

（六）向右转弯遇有同车道前车正在等候放行信号时，依次停车等候。

（七）在没有方向指示信号灯的交叉路口，转弯的机动车让直行的车辆、行人先行；相对方向行驶的右转弯机动车让左转弯车辆先行。

《道路交通安全法实施条例》第五十二条 机动车通过没有交通信号灯控制也没有交通警察指挥的交叉路口，除应当遵守上述第五十一条第（二）项、第（三）项的规定外，还应当遵守下列规定：

（一）有交通标志、标线控制的，让优先通行的一方先行。

（二）没有交通标志、标线控制的，在进入路口前停车瞭望，让右方道路的来车先行。

（三）转弯的机动车让直行的车辆先行。

（四）相对方向行驶的右转弯的机动车让左转弯的车辆先行。

2.4.1.2 非机动车通行规则

《道路交通安全法》第五十七条 驾驶非机动车在道路上行驶应当遵守有关交通安全的规定。非机动车应当在非机动车道内行驶；在没有非机动车道的道路上，应当靠车行道的右侧通行。

《道路交通安全法实施条例》第三十八条 在未设置非机动车信号灯和人行横道信号灯的路口，非机动车和行人应当按照机动车信号灯的表示通行。

《道路交通安全法实施条例》第六十八条 非机动车通过有交通信号控制的交叉路口，应该按照下列规定通行：

（一）转弯的非机动车应让直行的车辆、行人优先通行。

（二）遇有前方路口交通堵塞时，不得进入路口。

（三）向左转弯时，靠路口中心点的右侧转弯。

（四）遇有停止信号时，应当依次停在路口停止线以外；没有停止线的，应停在路口以外。

（五）向右转弯遇有同方向前车正在等候放行信号时，在本车道内能够转弯的，可以通行；不能转弯的，依次等候。

《道路交通安全法实施条例》第六十九条　非机动车通过没有交通信号控制也没有交通警察指挥的交叉路口，除遵守上述第六十八条第（一）项、第（二）项和第（三）项的规定外，还应当遵守下列规定通行：

（一）有交通标志、标线控制的，让优先通行的一方先行。

（二）没有交通标志、标线控制的，在路口外慢行或者停车瞭望，让右方道路的来车先行。

（三）相对方向行驶的右转弯的非机动车让左转弯的车辆先行。

2.4.1.3　行人通行规则

《道路交通安全法》第六十二条　行人通过路口或者横过道路，应当走人行横道或者过街设施；通过有交通信号灯的人行横道，应当按照交通信号灯指示通行；通过没有交通信号灯、人行横道的路口，或者在没有过街设施的路段横过道路，应当在确认安全后通过。

《道路交通安全法实施条例》第三十八条　在未设置非机动车信号灯和人行横道信号灯的路口，非机动车和行人应当按照机动车信号灯的表示通行。

2.4.2　通行控制措施

为保障交通安全及通行效率，交叉口按交通组织方式的不同，通行控制措施主要有信号灯控制、无信号灯控制和环形交叉口三种方式。

2.4.2.1　信号灯控制交叉口

交叉口采用信号灯控制可以从时间上将相互冲突的交通流予以分离，充分保障了车辆的行车安全，对于组织、指挥和控制交通流，保障道路交通秩序具有重要作用。通常情况下，交叉口是否需要采用信号灯控制，主要考虑交叉口相交道路类型、交通流量、交通事故情况以及交通管理措施等因素。信号灯的设置条件应符合国家标准《道路交通信号灯设置与安装规范》（GB 14886—2016）的规定。

2.4.2.2　无信号灯控制交叉口

交叉口无交通信号灯控制，而采用交通标志、标线或仅根据道路交通安全法中对通行权的规定，引导交通流有效通行。无信号灯控制方式分为减速让行或停车让行标志控制、右进右出控制。

- **减速让行标志控制**

主要道路与次要道路相交，用减速让行标志来组织分配相冲突交通流的通行时间，规定次要道路车辆在进入交叉口前必须减速、让主要道路车辆先行，确认安全后方可通行。需要明确规定主次通行权的次–支交叉口，可选择减速让行交叉口。

- **停车让行标志控制**

主要道路与次要道路相交，用停车让行标志来组织分配相冲突交通流的通行时间，规定次要道路车辆在进入交叉口前必须停车瞭望，确认安全后方可通行。视距受限、按减速让行通行规则不够安全的次–支交叉口，应选择停车让行交叉口。

- **右进右出控制**

交叉口各进口仅允许车辆右转进入或右转驶出，一般适用于与主干路、次干路相交的支路交叉口，减少支路进出车辆对干路交通流的影响。

2.4.2.3 环形交叉口

在交叉口中央设置中心岛，用环道组织渠化交通，使进入的所有车辆一律按逆时针方向绕岛单向行驶。当环形交叉口内车流交织严重、交通秩序混乱导致交通拥堵时，可设置为信号灯控制。

第3章 渠化设计总体概述

Chapter Three

本章主要介绍交叉口渠化设计的相关概念，包括渠化设计的内涵、设计原则、设计对象、新建和改建交叉口的设计流程、典型场景和渠化设计对策等，便于手册使用者较为系统地了解渠化设计的相关要素。

3.1 » 渠化设计的基本要求

3.1.1 渠化设计的内涵

一般意义上讲，平面交叉口渠化设计是指在交叉口功能区内，运用交通标志、标线和实体设施以及局部拓宽进出口道等多种措施，对交通流进行分流和导向设计，使不同类型的交通、不同方向及不同速度的车辆能够像渠道内的水流一样，顺着一定方向互不干扰地顺畅通过，从而使车辆和行人安全有序地运行。通过渠化设计，提高行车有序程度和通行能力，可以有效解决城市道路的交通拥堵。

在上述渠化设计概念的基础上，本书对交叉口渠化设计的内涵进行了延展：渠化设计是指运用交通工程学、系统工程学等基本理论和原理，以交叉口的时空资源和投资条件等为约束条件，以新建、改建和治理型交叉口为设计对象，在充分分析交通需求的基础上，对不同交通方式的通行空间加以优化设计，精细化确定交叉口的设计要素，包括通行空间、相关交通设施的布局等，寻求改善交通的最佳方案。

3.1.2 渠化设计的理念

交叉口渠化设计应有利于交通安全、提高通行效率、减少延误、方便车辆和行人通行，主要应遵循以下原则：

1）交通安全原则：充分保障各类交通流的有序流动，降低交通冲突概率。

2）交通分离原则：在时间和空间上，将行人、非机动车、机动车交通流分离，减少混合运行和互相干扰。

3）交通连续原则：尽可能保证车辆和行人连续移动，减少停车次数和等候时间。

3.2 » 渠化设计的对象

3.2.1 交叉口物理区

交叉口物理区是指交叉道路的重叠部分，它以交叉口转角及相邻的所有边界为限，如图 3-1 所示。

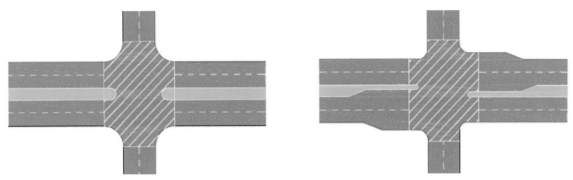

图 3-1 交叉口物理区示意图

3.2.2 交叉口功能区

交叉口功能区的确定对于交叉口交通运行的安全性和畅通性有着非常重要的意义。机动车进入交叉口要进行一系列复杂的过程：感知—反应、减速、排队等待、转向或穿越、加速等。交叉口功能区则是实施这一系列复杂操作的空间范围，或者说是交叉口对其相交道路的影响区域范围。因此，交叉口功能区包含交叉口物理区及其上游和下游车道的延伸，包括辅助车道，如图 3-2 所示。

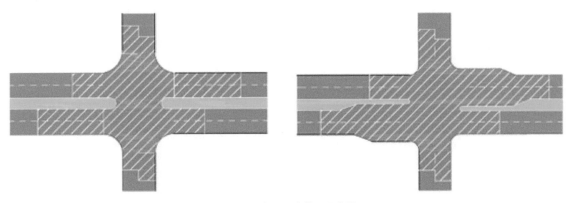

图 3-2 交叉口功能区示意图

3.2.3 渠化设计范围及主要内容

平面交叉口的渠化设计范围应包括交叉口功能区，即构成该平面交叉口各条道路的相交部分及其进口道、出口道以及向外延伸的路段（包括进出口道展宽段和渐变段以及行人、非机动车过街设施等）与道路红线所共同围成的空间。交叉口构成要素如图 3-3 所示。

设计内容包括：

- 进出口车道功能划分、车道数量和宽度确定。
- 行人过街横道及安全岛。
- 非机动车过街及等待区设计。
- 进口道公交专用车道、公交站台设计。
- 内部空间精细化设计（待转区、路口导向线、导流线、渠化岛等）。
- 交通标志和标线、交通信号灯等管理设施。
- 中央隔离带、机非隔离带、太阳能警示桩等安全设施。

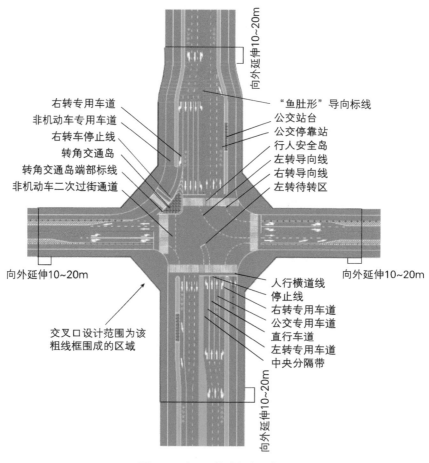

图 3-3　交叉口构成要素示意图

3.3 » 渠化设计一般流程

3.3.1 规划新建交叉口

规划新建交叉口的交通需求量为预测值，无法准确地反映其使用后的实际情况。因此，交叉口渠化是基于可预见性的设计，应保证交叉口在建成后即使发生问题也可以通过较为方便、易行的措施对其做进一步的改善。设计参数应选择上限值进行设计。其设计流程如图 3-4 所示。

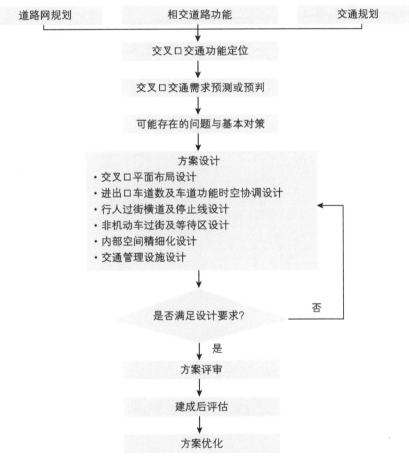

图 3-4　规划新建交叉口交通渠化设计流程

3.3.2 改建与治理型交叉口

当交叉口通行能力不足，需改变交叉口的物理设施，且交叉口施工条件充足时，交叉口渠化方案应按照改建的渠化流程展开，设计参数应尽可能选取上限值进行设计。当施工条件不足，无法改变物理设施或交叉口不具备拓宽条件时，交叉口渠化方案应按照治理的流程展开，设计参数的选取标准可适当放宽。改建和治理型交叉口交通渠化设计基本流程如图 3-5 所示。

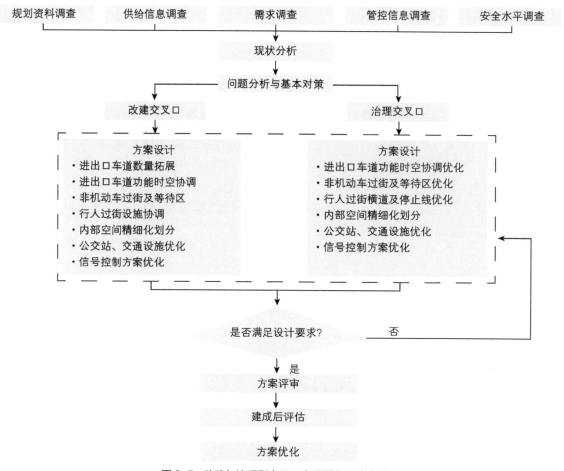

图 3-5　改建与治理型交叉口交通渠化设计流程

3.4 » 典型场景和渠化设计对策

3.4.1　交通秩序混乱

路口交通秩序混乱很大程度上制约了整个路口的通行效率，同时也极易引发交通事故。导致交通秩序混乱的常见原因如下：

（1）车道功能划分不合理

问题分析：机动车道划分不合理，非机动车、机动车混行，通行空间存在交织。

基本对策：根据交通流实际需求，合理划分进出口道车道功能，在宽度允许的情况下，机动车和非机动车分离行驶，各行其道。

（2）车道宽度过宽或过窄

问题分析：交叉口的车道过宽，会导致道路资源的浪费，使相同道路红线宽度下的车道数减少，降低通行能力，也会出现车辆随意加塞的现象；交叉口的车道过窄，会导致机动车行驶不顺畅，降低通行能力，同时在安全性方面存在隐患，容易发生剐蹭事故。

基本对策： 按照标准规范要求，进口道宽度一般为 3~3.25m，出口道宽度一般为 3.25~3.5m。如果车道过窄，则可通过压缩绿化带、进口道展宽等方式增加车道宽度；如果车道过宽，则可通过设置导流线、隔离设施、安全岛等方式缩窄车道至规范要求。

（3）行人过街距离过长

问题分析： 当交叉口的行人过街距离过长或过街等待时间过长时，容易诱发行人乱穿马路、闯红灯等违法行为。

基本对策： 当穿越车行道的人行横道长度大于 16m 时，应在分隔带或道路中心线附近的人行横道处设置行人二次过街安全岛。另外，优化信号配时，应充分考虑行人过街最短时间和可忍耐的等待时间，设置合理的行人过街绿灯时间。

（4）非机动车等候区不足

问题分析： 对于有渠化岛且非机动车采用二次过街方式的路口，当非机动车交通量较大、渠化岛面积不足以容纳非机动车待行时，容易导致非机动车在右转车道处排队、与右转机动车相互干扰。

基本对策： 调整渠化岛使非机动车采用岛外通行的方式，避免因渠化岛面积不足导致非机动车溢出。

（5）出入口距离路口过近

问题分析： 由于权属问题、开发时序等方面的原因，道路沿线出入口与交叉口距离过近，出入口车辆进出影响交叉口的通行能力。

基本对策： 设置中央隔离设施对出入口车辆进行右进右出控制，减少出入口左转车辆对主路车流的干扰，或封闭出入口，进出车辆从其他地方分流。

（6）公交站台设置位置不合理

问题分析： 公交站台设置在进口车道处，且未设置为港湾式，导致公交车进出站时频繁变道，干扰交叉口排队车辆。

基本对策： 将公交站台设置在出口道或远离进口道位置，并尽可能改造为港湾式。

（7）未合理设置隔离设施

问题分析： 道路中央或机动车道与非机动车道之间未设置隔离设施，对向机动车流或机动车、非机动车流相互干扰。

基本对策： 在双向六车道及以上的道路中央合理增设隔离设施，消除对向车流之间的干扰；设置机非隔离设施，分离快慢交通。

（8）应设未设交通信号灯

问题分析： 已满足信号灯设置条件的交叉口未设置信号灯，通行权不明确，当交通流量大时，交通参与者之间"互不相让"而导致秩序混乱。

基本对策： 根据国家标准《道路交通信号灯设置与安装规范》（GB 14886—2016）的相关规定，在满足条件的路口增设交通信号灯控制。

为改善上述秩序混乱问题，常见的基本对策见表3-1。

表3-1 交通秩序混乱原因及对策建议

常见原因分析	常用对策建议
车道功能划分不合理	根据交通流实际需求，合理划分车道，机非各行其道
车道宽度过宽或过窄	按照标准规范要求，合理设置车道宽度
行人过街距离过长	设置行人过街安全岛，优化配时方案，满足过街需求
非机动车等候区不足	调整渠化岛使非机动车采用岛外通行的方式，避免因渠化岛面积不足导致非机动车溢出
出入口距离路口过近	设置中央隔离设施对出入口车辆进行右进右出控制，或封闭出入口
公交站台设置位置不合理	优化调整公交站台位置，并尽可能改造为港湾式公交站台
未合理设置隔离设施	在双向六车道及以上的道路中央合理增设隔离设施，消除对向车流之间的干扰；设置机非隔离设施，分离快慢交通
交通标志标线视认性差	定期维护交通标志标线，保证可视性，为交通参与者提供清晰的交通信息指引
应设未设交通信号灯	在满足条件的路口增设交通信号灯控制

3.4.2 道路相对拥堵

（1）路口面积过大

问题分析： 交叉口受周边用地性质、道路规划等因素的影响，道路横断面较宽或存在上跨、下穿立交时，交叉口的面积往往较大。此类交叉口机动车、非机动车和行人通行距离较长，通行效率较低；同时，也容易导致各类交通方式的运行轨迹交织或冲突，存在一定的交通安全隐患。

基本对策： 采用停止线提前的方式缩小交叉口区域的面积，并设置路口导向线、导流线，规范并引导车流行驶轨迹，减少交织；设置直行待行区、左转待转区，减少车辆通过路口的时间；在道路条件允许时，应考虑改善交叉口的几何设计，缩小路缘石半径，设置中央或机非分隔带等方式，减小交叉口的面积。

（2）进口车道数量不足

问题分析：信号控制交叉口受通行时间的限制，单个进口道的通行能力仅为路段的一半，甚至更少。许多道路尤其是新建道路进口道未拓宽，进口车道数与上游路段内车道数量一致，如双向六车道的道路，进口道三车道分别设置为左、直、右车道，进口道通行能力往往不足路段通行能力的一半，导致某方向车辆大量积压排队，产生交通拥堵现象。

基本对策：当道路条件允许时，应通过压缩交叉口内部的中央分隔带、机非分隔带或压缩机动车道宽度的方式来增加进口车道数量；当不具备进口道拓宽条件时，可通过与上游交叉口设置绿波信号协调的方式提高通行能力；当高峰时期交通拥堵较为严重时，可通过减小相邻交叉口驶入该交叉口车流的绿灯时间来减少流入该交叉口的车流量。

（3）进出口道数不匹配

问题分析：为提高进口车道通行能力，部分交叉口增加了进口车道数，但出现进、出口车道数不匹配的问题，如进口3个直行车道对应出口2个车道，再加上相交方向右转车辆的汇入，在交叉口内形成了交通瓶颈，进而可能导致高峰期间整个交叉口的交通阻塞甚至"瘫痪"。

基本对策：在道路条件允许时，通过压缩中央分隔带或机非分隔带的方式进行出口道拓宽保证交叉口出口道的数量；考虑路口的整体通行效率，应至少保证进口直行车道数量不大于对向出口道的数量；在道路条件不足时，通过优化信号配时，使同一个相位绿灯时间内流入出口道的进口道车道数与出口道车道数相匹配，如直行车辆放行时，禁止相交道路的右转通行；也可以通过提前设置诱导标志使部分车辆绕行，从而减小进入出口道的交通流量。

（4）左转车道数不足

问题分析：交叉口规划设计时，一般仅设置一个左转车道。部分路口由于左转交通流量较大，左转车辆无法在一个信号周期内通过路口，排队长度较长导致整个路口的交通拥堵；部分路口可能存在"潮汐现象"，左转车辆的排队长度时段分布差异较大，存在明显的时间性分布特征。

基本对策：可压缩进口车道宽度或拆除部分绿化带增加左转车道的数量；可借用出口道设置"借道左转车道"；如果左转车道潮汐现象较为明显，可设置"可变导向车道"；也可采用增加左转相位绿灯配时或采用搭接相位的方式提高左转车道的通行能力。

（5）左转排队空间不足

问题分析：对于展宽的左转车道，左转流量较大，车辆排队长度超过车道长度时，左转车辆排队溢出会阻碍本进口的直行车辆通行，直行和左转车辆互相干扰，进而影响整个路口的通行效率。

基本对策：可压缩进口车道宽度，增加左转车道数量；可借用出口道设置"借道左转车道"；如果左转车道潮汐现象较为明显，则可设置"可变导向车道"；可调整信号相位，采用单口放行或搭接相位的方式，同时放行直行和左转车辆，减少相互干扰。

（6）信号配时与交通流量不匹配

问题分析：未充分考虑交叉口的交通流量、流向等交通特征，交叉口信号相位设计不合理、配时方案不合理都会导致交叉口时空资源无法充分利用，从而降低了交叉口的通行能力。

基本对策：对于信号相位及配时方案不合理的情况，应根据交叉口各进口方向的机动车、非机动车、行人流量进行交叉口渠化和信号配时方案的优化设计；对于交通流量具有较强波动性的交叉口，可采用感应式信号控制或分时段多方案交通信号控制的方法，即在早高峰、晚高峰以及平峰等不同时段设置多个信号配时方案，提高交叉口时空资源的利用效率。

（7）路口间距较短，排队溢出

问题分析：若两个路口的距离大于进口道长度但小于最小路口间距，且两个路口之间的车流易相互干扰，则称两个路口为短连接路口。短连接路口由于距离较近，"瓶颈区"长度短，蓄车能力有限，高峰期间连接路段的机动车易发生排队溢出现象。若路口间的左转交通需求较大，左转车辆需要同时跨越多股车道通行，与直行车辆的交通冲突严重，直接影响直行车辆的运行速度和通行能力，同时也存在较大的交通安全隐患。

基本对策：在处理短连接路口的交通问题时，主要解决思路是尽量减少短连接路段交通流的相互交织，避免连接路段的排队车辆溢出，可采取增加短连接路段的车道数量，提高路段的蓄车能力；短连接路段可禁止左转，车辆通过"远引掉头"的方式实现左转，或将左转车道外置至直行车道右侧；在左转交通流量较大时，可禁止短连接路段车辆直行，直行车辆通过路网绕行；2个交叉口作为1个交叉口进行信号协调控制，尽量清空短连接路段排队车辆。

（8）潮汐现象明显，需求不平衡

问题分析：由于城市总体功能布局影响，"职住分离"情况较为突出。随着机动车使用频率的逐步提高，道路开始产生方向性、定时性的交通拥堵，即"潮汐交通"现象。从路段来看，高峰期间双向车道呈现出单侧交通拥堵；从路口来看，不同转向的车道车辆排队长度呈现出明显的时间分布特征。

基本对策：根据交通流量时空变化特征，调整交通组织方案和信号配时方案，在潮汐现象较为突出的路口或路段，可设置可变导向车道、潮汐车道等。

（9）多路交叉

问题分析：交叉口受周边用地限制或道路规划等因素影响，形成不规则形状的多路交叉口，从而影响了行车秩序，造成车辆通过交叉口时行车轨迹不固定且不顺畅，交通流分散且冲突严重的问题，降低了道路安全性。

基本对策：为提高多路交叉口的通行效率和交通安全水平，可采用设置单向交通简化交通组织；设置导流线、导向线规范车辆和行人行驶轨迹；优化信号配时方案等方式。

路口拥堵常见原因及对策建议见表3-2。

表 3-2　路口拥堵常见原因及对策建议

常见原因分析	常用对策建议
路口面积过大	停止线提前，缩小交叉口区域的面积；设置路口导向线、导流线，规范并引导车流行驶轨迹；设置直行待行区、左转待转区；缩小路缘石半径，设置中央或机非分隔带等方式
进口车道数量不足	拓宽进口车道数量；与上游交叉口设置绿波信号协调；通过协调周边路口，减少进入该路口车流量
进出口车道数不匹配	拓宽出口道，增加交叉口出口道的数量；保证进口直行车道数量不大于对向出口道的数量；通过优化信号配时，使同一个相位绿灯时间内流入出口道的进口道车道数与出口道车道数相匹配；提前设置诱导标志使部分车辆绕行
左转车道数不足	可压缩进口车道宽度或拆除部分绿化带，增加左转车道的数量；借用出口道设置"借道左转车道"；设置"可变导向车道"；增加左转相位绿灯时间；采用搭接相位等信号控制方式
左转排队空间不足	可压缩进口车道宽度，增加左转车道数量；借用出口道设置"借道左转车道"；设置"可变导向车道"；调整信号相位，采用单口放行或搭接相位的信号控制方式
信号配时与交通流量不匹配	根据交叉口各进口方向的机动车、非机动车、行人流量调整交叉口渠化和信号配时方案的优化设计；对交通流量具有较强波动性的交叉口，可采用感应式信号控制或分时段多方案交通信号控制的方法

（续）

常见原因分析	常用对策建议
路口间距较短，排队溢出	增加短连接路段车道数量；短连接路段禁止左转，车辆通过"远引掉头"的方式实现左转；左转车道外置至直行车道右侧；如果左转交通流量较多时，则可禁止短连接路段车辆直行；将 2 个交叉口作为 1 个交叉口进行信号协调控制
潮汐现象明显，需求不平衡	设置可变导向车道、潮汐车道等
多路交叉	设置单向交通简化交通组织；设置导流线、导向线规范车辆和行人行驶轨迹；优化信号配时方案

3.4.3 交通事故多发

（1）驾驶人视距受阻碍

问题分析：部分交叉口由于机非隔离带过高或驾驶人视距三角形范围内有障碍物，驾驶人视距受到阻碍，无法在冲突点前方安全距离处做出决策，是诱发交通事故的重要原因之一。信号控制交叉口要保证各进口道排队首车能被其他可能存在冲突的进口道排队首车驾驶人看到，对于无信号控制交叉口来说，充足的视距更是交通安全的重要保证。

基本对策：按视距要求清除遮挡视线的障碍物，如绿植、广告牌等，保证交叉口的安全视距。在障碍物较大如建筑等难以去除的条件下，可考虑增设反光镜或补充标志、标线等设施提高交通安全性。

（2）交通冲突严重

问题分析：受周边用地规划等因素的影响，形成车道错位的畸形交叉口，或出口道数量不足造成车辆通过交叉口时行车轨迹不顺，机动车冲突严重；交叉口进出口道机非混行造成机非冲突严重；交叉口路缘石半径过大造成右转机动车车速快，导致右转机动车与直行非机动车和行人冲突严重。

基本对策：通过交叉口内部渠化设计（包括渠化岛、左转及直行导向线、限制车辆通行区域导流线等）、增加过窄的车道宽度、设置机非隔离带或隔离栏、采用路面彩色铺装、调整交叉口相位相序以及间隔时间、右转车辆信号控制、合理组织非机动车二次过街等方式来减少交叉口内的冲突点，消除潜在的交通事故隐患；施工条件充足时，也可以考虑改善交叉口的几何设计，主要包括合理设置车道、中央分隔带，适当减小右转弯缘石半径等。

（3）交通管理设施视认性不佳

问题分析：交通标志被树木、广告牌遮挡或标志间相互遮挡影响视认；交通标志设置高度过低或角度不规范；同一杆件上标志设置数量过多，驾驶人无法在短时间内识别重要信息；标志文字过多或过小；标志标线夜间不清晰或新旧标线混杂影响驾驶人的识别，尤其是恶劣天气下存在较大的安全隐患；信号灯设置高度过低或者设置位置、数量不符合要求，造成驾驶人无意识的闯红灯行为。

基本对策：定期修剪树木，拆除广告牌或是将标志设置在广告牌前方或错位位置，调整相互遮挡的标志位置；按照标准要求合理设置标志的高度与角度；对同一杆件上过多的标志进行筛选或分开设置；部分标志减少文字信息、保证字体大小以便快速识别；及时更换视认困难的标志反光膜，采用反光交通标线，彻底清理旧标线以消除干扰；按照标准要求合理设置交通信号灯，保证视认性。

（4）交通安全设施不足

问题分析：部分减速让行、停车让行交叉口缺少让行标志标线；交叉口缺少限速标志和减速设施；行人过街距离较长时，未设置过街安全岛导致行人在路口中央无处驻足；行人及机动车流量都较大的交叉口缺乏立体式行人过街设施。

基本对策：合理设置减速让行、停车让行标志标线；在交叉口增设限速标志及减速设施保证安全；对于符合设置条件的交叉口应设置信号灯；行人过街距离较长时，应增加过街安全岛；根据情况设置立体式行人过街设施。

交通事故常见原因及对策建议见表3-3。

表3-3 交通事故常见原因及对策建议

常见原因分析	常用对策建议
驾驶人视距受阻碍	清除植物、广告牌等障碍物；增设反光镜或补充标志、标线
交通冲突严重	设置渠化岛、导向线、导流线、彩色路面；增加机非隔离设施，控制右转车辆，调整信号控制参数，非机动车二次过街组织，减小右转弯缘石半径
交通管理设施视认性不佳	定期修剪树木，拆除广告牌；设置反光交通标线，按照标准规范设置交通标志标线和信号灯
交通安全设施不足	增加保证安全的标志标线、减速设施；根据情况设置行人过街安全岛和立体式行人过街设施

城市道路
平面交叉口渠化 >>>
设计手册

第二部分
基本方法篇

第4章 交通调查与分析

Chapter Four

交通调查与分析是理解和把握交通设计相关影响因素，确定主要交通问题、梳理边界条件和优化设计方案的基础。

4.1 » 交通调查主要内容

交通调查的主要内容包括相关交通规划、道路实际情况、交通流特征、交通管理现状以及交通管理设施等多方面的内容。同时，还要了解相关的交通政策法规、交通行为、驾驶习惯等信息。对于规划新建交叉口、改建和治理型交叉口交通调查的重点有所区别。

（1）规划新建交叉口

对于规划新建交叉口，需调研相关道路规划设计资料，掌握道路规划等级、设计车速、红线宽度、车道数、断面形式、交通需求预测等情况。

（2）改建和治理型交叉口

对于改建和治理型交叉口，需要对交通供给、管控、安全、需求等现状以及交通规划资料等进行详细的调查与分析。

4.2 » 规划资料搜集

针对目标交叉口，应审视其在城市道路网体系中的规划定位，掌握交叉口影响范围内重要地块的土地利用规划及控制性详细规划，在此基础上，明确合理的交叉口渠化及交通组织方式。

资料搜集的主要内容包括：交叉口相关的道路交通规划和改善计划、周围的用地性质及其规划、交叉口渠化设计的边界和约束条件、交通设计与工程改善等的投资匡算等。资料形式包括相关报告文本、基础数据及 CAD 设计图样等。

4.3 » 交通供给现状调查

针对改建及治理型交叉口，既有的交叉口道路设施、渠化设计元素等基础信息称为交通供给信息。道路基础情况调查的内容主要包括交叉口和关联道路周边的用地性质、交叉口的形式、横断面形式、行人过街设施、道路几何尺寸、坡度和交叉口内部渠化等。调查方式可采用资料收集结合实地调查的方法，调查内容见表 4-1，具体开展时应针对不同交叉口情况进行适当调整。

表 4-1 交叉口范围内道路基础情况调查

序号	调查项	说明
1	交叉口类型	十字形、X 形、T 形、Y 形、环形、错位交叉口、多路交叉
2	相交道路	名称、道路等级
3	道路红线	用地红线宽度
4	交叉角度	相交道路中心线夹角
5	交叉口转角	路缘石半径
6	横断面形式	相交道路的断面类型（几块板）；断面车道数；各车道功能划分，从道路内侧至外侧依次记录（是否有左转、右转、公交专用车道、可变导向车道、潮汐车道、掉头车道等）
7	设计车速、限制车速	限速值以及限速范围等
8	车道宽度	中央分隔带宽度、机非分隔带宽度、机动车道宽度、非机动车道宽度
9	路口导向线	路口左转导向线、右转导向线、直行导向线设置的情况
10	渠化岛	渠化岛的几何尺寸；渠化岛垂直于停止线的一侧距离道路中心线的距离；是否影响交通流正常运行；是否有损坏，是否影响正常使用
11	左弯待转区	左弯待转区的长度；是否影响对向直行交通流；是否有磨损，是否影响正常使用
12	非机动车等候区	非机动车等候区的形式；是否影响机动车交通流；是否有磨损，是否影响正常使用
13	进口道（出口道）展宽宽度	进、出口道展宽后各个车道的宽度
14	展宽渐变段的位置及长度	需要测定的内容包括渐变段长度；渐变段起点距停止线的距离
15	人行横道	人行横道宽度及长度；距停止线距离；是否有磨损，是否影响正常使用
16	行人过街安全岛	行人过街安全岛的位置及几何尺寸；是否有损坏，是否影响正常使用
17	掉头车道	掉头车道设置位置、宽度、类型
18	无障碍设施	盲道、无障碍通道的位置等

（续）

序号	调查项	说明
19	公交站台	公交站台的类型（港湾式、非港湾式）；公交站台长度及宽度；公交站台所在车道（出口道或进口道）；公交站台渐变段终点与停止线距离
20	土地利用情况	交叉口周边土地利用情况
21	主要交通集散点	交叉口周边社区、商铺、医院、学校等
22	周边出入口	出入口位置、宽度、管控方式
23	路面类型	路面类型包括沥青路面、水泥混凝土路面、半刚性路面等
24	路面状况	路面毁损程度（无破损、一般破损和严重破损）

4.4 » 交通管控信息调查

交通管控信息包括交通组织管理、交通信号控制、交通管理设施等。优先考虑从交管部门搜集相关资料，对已有资料不完备的，则应进行实地调查。

4.4.1 交通组织管理

针对目标交叉口周边路网，综合调研其所处片区路网交通组织方式，对单向交通、潮汐交通、通行限制、交叉口转弯限制和专用车道等内容开展调查。

（1）单向交通

调查内容包括：单向交通种类调查（固定式、定时式、可逆性单向交通、车种性单向交通）、路线起止点及长度、单向方向时间、单向车辆种类等。

（2）潮汐车道

调查内容包括：潮汐车道所在道路名称、起止位置及长度、起止时间、运行方向、运行车型、运行管理、运行状况等。

（3）通行限制

通行限制是指各种禁行类交通组织方式，主要包括：禁止机动车通行区域、禁止货车通行区域、禁止机动三轮和人力三轮车通行区域、禁止摩托车行驶区域、禁止外埠货车通行区域、禁止停车区域等调查。

调查内容包括：实施通行限制的道路名称、禁行时间、禁行（停）区间、限制车型、运行管理等。

（4）交叉口转弯限制

交叉口转弯限制是进行交叉口渠化的重要措施之一，应用广泛。交叉口转弯限制调查包括：禁止左转或禁止右转、同时禁止左转和禁止右转。

调查内容包括：禁止转弯交叉口名称、禁止转弯进口道、禁止转弯方向、禁止时间限制、禁止转弯车种等。

（5）专用车道

设置专用车道是缓解城市交通拥堵，促进公共交通、行人和非机动车交通健康发展的重要措施。专用车道主要包括公交专用车道和非机动车专用车道两大类。

调查内容包括：公共交通和非机动车专用车道（或专用车道）所处的道路名称、运行时间、起止点位置及专用车道长度等。

4.4.2 交通信号控制

交通信号灯分为机动车信号灯、方向指示信号灯、掉头信号灯、非机动车信号灯、人行横道信号灯等。

对于单个交叉口而言，调查内容包括：交通控制方式、信号周期、相位、相序、绿信比等；对于干线道路交叉口群、短连接交叉口或片区交叉口群，需进行协调控制的，应补充调查协调控制方式（绿波）、相位差等参数。

4.4.3 交通管理设施

交叉口交通管理设施是指在交叉口范围内设置的各种交通设施的总称。

调查内容包括：交通标志、交通标线、隔离栏、交通技术监控设备等交通管理设施的名称、类型、设置位置和数量、使用情况、设置规范符合性与合理性等。

4.5 » 交通安全状况调查

对于改建或治理型交叉口，需调查评估交叉口的交通安全状况，并有针对性地提出安全改进措施。

（1）交通事故

调查近三年按照简易程序、一般程序处理的所有事故数据。应结合交通事故数据进行事故成因分析，尤其对于事故多发交叉口，在改善方案中针对事故特点提升其安全性。一般而言，交通事故数据属性需包括：

- 事故内容信息：事故地点、事故发生时段、在道路横断面的位置、事故类型、事故形态、事故认定原因。
- 人员信息：伤亡情况、交通方式等。
- 道路环境信息：能见度、路面状况、交通控制方式、照明条件、道路等级、路口类型、道路物理隔离情况等。

（2）交通违法

基于现场执法及非现场执法数据，调查一段时期内（年度、季度）的交通违法信息，掌握交叉口范围内交通违法行为的分布特征。由于交通违法与交通事故之间存在一定的因果关系，因此在制定方案时，利用交通违法信息对交叉口及交叉口范围内的路段进行针对性设计，能够有效提升其安全水平。对违法数据进行分析时，着重考虑违法数据与道路渠化设计之间的相关性。一般而言，交通违法数据属性包括：

- 事件信息：违法类型、地点。
- 道路环境信息：道路类型、交叉口类型、车道配置、隔离措施、路面状况、视距、光照条件、天气状况、其他。

（3）交通冲突

对于未积累足够交通事故数据的交叉口，也可采用交通冲突法进行交通安全状况评估。一般而言，应依据各交通方式（机动车、非机动车、行人）交通流线，结合交通控制方式，调查交叉口范围内交通冲突点数，包括分流、合流、交叉冲突、行人过街冲突、机动车–非机动车冲突、非机动车–行人冲突、机动车–行人冲突等，并进行交通流线合理性分析。

对于重要交叉口，可补充调查各类型交通冲突数。鉴于交通冲突数据处理量大，可适当控制调查时长，一般不低于高峰时段连续 1h 的数据量。交通冲突应按冲突类型统计，并区分一般冲突、严重冲突；与交通流量数据结合考虑，获取交通冲突率、冲突高发点位等指标。

4.6 » 交通需求调查与分析

在开展渠化设计前，应对设计期内交通需求进行预测，包括机动车流量、非机动车流量、行人流量。在交通预测基础上，结合通行能力分析，完成车道配置、断面选型等工作。

对于新建交叉口，若相关上位规划资料基础数据具备，则可采用其"四阶段模型"相关数据，提取目标交叉口机动车交通流量流向分配结果，并进行必要修正，以此作为设计依据。

对于改建或治理型交叉口，可调查历史交通量等相关数据，采用时间序列法、增长系数法、移动平均法等方法，预测设计期交通流量流向需求；若无历史积累数据，则可依据现状调查数据，采用类比法结合工程经验，对设计期交通流量流向进行预测。

4.6.1 交通流量

交通流量调查包括机动车交通量、非机动车交通量和行人交通量。

（1）机动车交通量

机动车交通量调查一般包括：高峰小时交通量、平峰小时交通量等。

调查内容包括：确定高峰时段及高峰系数，统计每一条车道的分车型（小型车、中型车、大型车等）、分流向（左转、右转、直行、掉头）的车辆数，再进行车型换算计算。平峰时段的交通量调查内容与高峰时段一致，只需要选取非高峰时段进行调查即可。调查时长按需确定，采用扩大换算方法时，不应低于连续 15min。

（2）非机动车交通量

非机动车交通量调查需选取高峰时段开展调查。

调查内容包括：在调查时段内，记录每一条车道分流向（左转、右转、直行）的分类型车辆数，再进行换算计算。调查时段划分建议采用 5min，也可以采用 10min 或 15min 的时间间隔。对于信号交叉口，可以按照其信号周期来统计计数。

电动自行车与自行车运行特性差异显著，调查时应予以区别分类统计。

（3）行人交通量

选取高峰小时连续观测，每隔 5min 记录一次流量。当专门调查行人流量时，应每隔 1min 记录一次，并可由此记录算出单位行走宽度上的行人流量。调查时，应绘制平面示意图，图上标明影响行人流量或速度的障碍物，如花草树木等绿化、人行道隔离栏、电杆、车站站牌立柱、邮筒、广告（橱窗）立柱等的位置。

4.6.2 交通运行状况

针对改建或治理型交叉口，若需掌握交叉口所在道路的全面交通运行情况，或为提高经常阻塞交叉口的整体服务水平，则应对有关交叉口进行延误、排队长度等运行状况调查。

4.7 » 调查方式

交叉口现状调研与分析是交通设计工作开展的前提。一般而言，调查方式主要分为三类：资料搜集、实地调查和座谈交流。综合采用不同的调查方式可帮助设计人员获取翔实、准确的交叉口现状资料。

4.7.1 资料搜集

资料搜集重点获取交通规划、交通供给、交通管控、交通安全状况等交叉口渠化设计相关资料，一般通过交管、规划、城建等部门获取相关信息，需提前向相关部门提供所需资料清单，包括资料类型、主要内容、数据年限等。资料搜集具体内容详见本章第4.2、4.4、4.5节。

4.7.2 实地调查

实地调查一般重点获取道路现状、交通管理设施设置、信号控制、交通运行状况等信息，一般在交管、住建等相关部门资料不完备时开展。调查期间需注意以下事项：

1）调查前，需按调查目的和要求设计调查表格。

2）调查时，应对交叉口各方向的进口道和出口道同步调研，调查范围应涵盖交叉口的功能区，应现场绘制交叉口的几何形状草图，将各种交通标志和标线、隔离栏、信号灯等交通管理设施在图上进行标注。

3）调查后，整理原始表格数据，用CAD绘制交叉口示意图和现状渠化设计方式并清晰、直观地标注相应交通管理设施。

4.7.3 座谈交流

座谈交流是指调查人员邀请当地交通管理相关部门人员、交通参与者代表召开座谈会，听取现状存在的主要问题、群众反映的热点和焦点问题以及解决问题的对策建议。座谈交流是改建或治理型交叉口调查的重要方式之一，是实地调查的必要补充，能帮助交通调查人员在较短时间内快速了解在实地调查中难以发现或需要长时间现场观察才能了解到的相关情况。

（1）座谈准备及对象

在座谈交流前，调查人员应当先行完成相关资料搜集与分析并踏勘现场，熟悉目标交叉口所在的道路网络结构、主次干路横断面形式、交叉口基本情况、周边相关道路交通情况、周边土地利用现状等。

重要交叉口新建或改建时，参与座谈交流的人员应包括当地规划、城建、交通、交警、城管等部门人员，以及其他需要的相关人员。一般新建或改建交叉口可包括部分以上人员。

（2）座谈内容与要求

应提前制定座谈大纲，并将座谈的目的、需要相关单位准备的资料等送达座谈人员。座谈时应按照座谈大纲，围绕渠化设计工作的主要问题展开。座谈之后应形成完整的纪要，必要时与相关座谈人员确认座谈纪要的准确性。

座谈交流主要内容包括：

1）目标交叉口拥堵或事故特点、主要成因、相关改善建议等。

2）以往治理方案、管理措施及效果评估。

3）城市道路规划建设情况，近期道路建设改造计划。

4）交通参与者经常反映的热点问题等。

第5章 机动车通行设计

Chapter Five

机动车通行设计是交叉口渠化设计的重点内容。通过给机动车交通流分配合理的时空资源，减少各向交通流间的相互干扰，达到通行安全顺畅的目的。交叉口机动车通行设计主要包括进口道设计、出口道设计以及交叉口内部综合设计，从而使车辆顺畅、安全、有序地通过交叉口。除此之外，本章还包括公交专用车道设计、可变导向车道设计和限制转向设计等方面的内容。

5.1 » 进口道设计

交叉口进口道是指平面交叉口上，车辆从上游路段驶入交叉口的一段车行道。车道功能划分（对应于不同的流向和流量需求，优化分配车道资源）直接关系到能否合理地利用进口道空间资源。

车道功能划分不仅要考虑进口道流入交通流的需求特征，还应考虑信号控制等因素。改建交叉口进口道的车道功能可基于实际的道路交通条件设计。新建交叉口的车道功能可根据预测交通量和道路条件进行设计，或先基于经验划分车道功能，待通车后再根据实际交通流的运行状况，对车道功能、信号配时和渠化方案进行优化调整。

5.1.1 车道数量

一般来说，由于进口道车辆需要让行相交方向车辆，或根据信号灯控制来通行，实际可通行的时间小于路段，如果进口道车道数与路段相同，那么进口道的通行能力将远小于路段车道。为尽可能达到或接近路段车道的通行能力，则需要增加进口道车道数，即以空间来弥补通行时间的不足。

理论上，如果进口道车道数是路段车道数的1.5~2倍，则通行能力基本不下降；但是由于道路红线及实际用地空间限制，车道数往往不能按照理想的数量增加。因此，一般进口道的车道数在保证主流向车道数（一般为直行车道）不少于路段车道数的基础上，再增加 1~3 个车道。增加车道数主要可通过以下几种方式：

（1）压缩进口车道宽度

在满足进口车道宽度最小值要求的基础上，压缩进口机动车车道宽度增加进口车道数。

（2）缩减或拆除绿化隔离带

若交叉口进口道设置有绿化隔离带，则可通过缩减进口道范围内绿化带宽度来增加车道数量；若绿化带宽度缩减至 0.5m 以下时，则可拆除绿化带，并在地面施划相应的交通标线并增设隔离栏。

5.1.2 车道宽度

车道宽度指的是车辆安全行驶所需要的宽度，包括设计车辆的外廓宽度和错车、超车或并列行驶所必需的余宽等，单车道宽度与道路等级、道路行驶车型、设计车速相关，直接影响道路通行能力及安全水平。根据行业标准《城市道路工程设计规范（2016 年版）》（CJJ 37—2012）第 5.3.2 条，单条机动车道最小宽度见表 5-1。

表 5-1　单条机动车道最小宽度　　　　　　　　　　　　　（单位：m）

类型	设计车速 /（km/h）	
	> 60	≤ 60
大型车或混行车道	3.75	3.50
小客车专用车道	3.50	3.25

进口道每条车道的宽度可较路段上略窄，城市道路进口道的参考设计宽度参考行业标准《城市道路交叉口设计规程》（CJJ 152—2010）的规定：

一条进口车道的最小宽度宜取 3.0m，货运通道上的进口车道最小宽度宜取 3.25m。如果交叉口用地受到限制且进口道大车比例很小时，则一条进口车道的最小宽度可取 2.8m。

5.1.3 车道长度

5.1.3.1 拓宽车道长度

拓宽车道长度（L_a）由拓宽渐变段长度（L_d）和拓宽段长度（L_s）组成，如图 5-1 所示。

拓宽渐变段长度按车辆以 70% 路段设计车速行驶 3s 横移一条车道时来确定。拓宽渐变段最小长度应根据道路等级确定，一般情况下，主干路为 30~35m，次干路为 25m，支路为 20m。

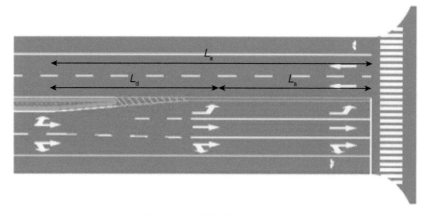

图 5-1 拓宽车道长度示意图

拓宽段最小长度应保证左转或右转车不受相邻候驶车辆排队长度影响。拓宽段长度（L_s）计算参考国家标准《城市道路交叉口规划规范》（GB 50647—2011），由下式确定

$$L_s = 9N$$

式中 N——高峰 15min 内每信号周期的左转或右转车的排队车辆数。

无交通量资料时，拓宽段最小长度按照道路等级确定，一般情况下，主干路为 70~90m，次干路为 50~70m，支路为 30~40m，与支路相交时取下限，与主干路相交时取上限。当需要设两条相同左转或右转专用车道时，拓宽段长度可在设置一条转向专用车道要求长度的基础上适当降低，但不得低于 60%。

5.1.3.2 禁止变换车道区

为防止车辆随意插队、变换车道对交叉口通行造成影响，应在交叉口进口道设置禁止变换车道区。禁止变换车道区是通过在进口道导向车道施划禁止跨越同向车道线（白色实线）来标示的。施划长度应根据交叉口的几何线形、道路等级、交通管理需要等因素确定。一般建议主干路进口道的禁止变换区长度为 80m，次干路为 50m，支路为 30m。

5.2 » 左转专用车道设计

5.2.1 设置条件

左转专用车道的设置与否主要从交叉口的通行效率和安全性两方面考虑。在设置时应主要考虑本向直行与左转的交通量、左转交通量的占比、对向交通量（左转、直行、右转）、车道数以及交通事故等因素。由于左转车辆对直行车辆通行影响较大，考虑路口的交通安全条件，建议在满足道路交叉口空间的条件下，尽可能设置左转专用车道。交叉口设置左转专用车道时主要考虑以下情形：

1）如果进口道空间足够可展宽设置左转车道时，应设置独立的左转车道为左转车辆提供专用候车空间，以提高左转车辆通行安全性。

2）当交叉口可通过交通预测或实地调研获取交通流量时，如果高峰 15min 内每信号周期左转流量超过 2 辆，则建议设置左转专用车道。如果每信号周期左转车流平均到达流量达到 10 辆或计算得出左转专用车道长度超过 90m 时，则建议设置 2 条左转专用车道。

3）如果进口道空间不足或高峰 15min 内每信号周期左转交通流量不足 2 辆时，则可设置为直左车道。

交叉口运行一段时间后，可根据车辆的实际通行量、信号配时等相关因素调整进口车道功能。如果高峰期间左转车流量非常少，直行车辆排队较长导致交叉口交通拥堵严重，则可将左转专用车道调整为直左车道。

5.2.2 设置方式

5.2.2.1 同向左转专用车道设置

设置交叉口左转专用车道，应首先考虑适当的路口展宽与车道宽度缩减，上述措施无法满足要求或条件受限无法实施时，按优先次序可依次采用缩小中央分隔带的宽度、缩小中央分隔带宽度并缩小车行道宽度、偏移道路中心线并缩小车行道宽度、缩小路肩等方法来设置左转专用车道。左转专用车道宜向进口道左侧（靠道路中心线一侧）展宽。

（1）左转车道无法偏移

当交叉口进口车道数与路段车道数一致，即交叉口进口道未进行展宽时，为保证路段车道与交叉口转向交通流的有序过渡，应在进口道增设"鱼肚形"的警告标线，如图 5-2 所示，以提示驾驶人前方车道的断面、行驶方向有所变化，提前采取一些变道措施。

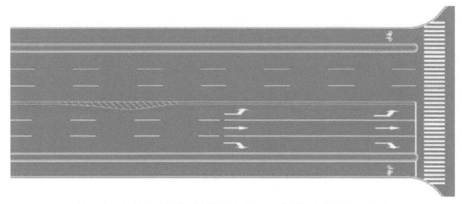

图 5-2　左转专用车道无法偏移时"鱼肚形"警告标线设置示意图

（2）压缩中央分隔带宽度设置左转

通过缩小中央分隔带宽度设置左转专用车道后，可保留中央分隔带剩余部分空间，但如果剩余部分的宽度不足 0.5m，则可以仅设置双黄线。根据实际宽度在双黄线中间施划导流线或加设隔离栏，无空间设置双黄线也可设置单黄线。

在中央分隔带宽度较小，仅靠缩小中央分隔带宽度不足以设置左转专用车道时，可采用缩小中央分隔带和缩减行车道宽度相结合的方法设置左转专用车道，如图 5-3 所示。

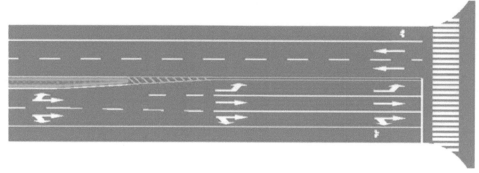

图 5-3　缩小中央分隔带宽度并压缩车道宽度设置左转专用车道示意图

（3）偏移道路中心线并压缩车行道宽度

在无法利用减小中央分离带宽度来确保左转专用车道宽度的情况下，可以偏移道路中心线并缩小交叉口进口车道宽度，以设置左转专用车道。

5.2.2.2　对向左转专用车道的设置

左转专用车道可适当偏离路段中心线设置，当交叉口空间条件受限时，左转专用车道可与对向左转车道正对，如图 5-4 所示，但不宜正对对向直行车道，影响直行车辆通行。

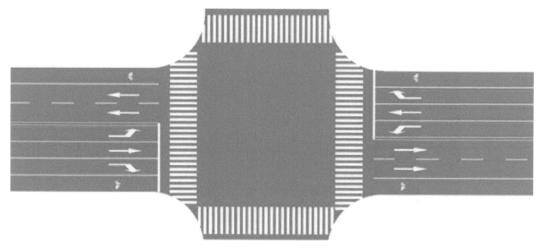

图 5-4　对向左转车道错位设置示意图

5.2.2.3 左转车道"右置"

当道路沿线出入口较多、路口之间间距过近导致交织段较短，或公交车站设置在交叉口进口道时，大量左转车辆需要同时跨越多股车道通行，对主线直行交通流干扰较大，尤其是对于短连接路口，高峰期间连接路段极易发生排队溢出现象。为减少交通流的相互交织，避免左转车辆频繁变道的干扰，可将左转车道"右置"至直行车道外侧，如图5-5所示。

但这种布置方式与常规设置方式不同，需要提前并重复设置车道分车道行驶标志，提醒车辆驾驶人注意进口道设置方式。

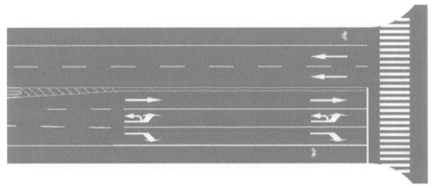

图 5-5 左转车道"右置"设置示意图

5.2.2.4 借道左转方式

如果调整信号配时、增加左转专用车道数、设置可变车道等方式均无法解决左转车道交通拥堵的问题，则可考虑采用"借道左转"的交通组织方式进一步增加左转车道的通行能力。

（1）适用条件

● **几何条件**

一般为双向六车道及以上的城市主干路交叉口，且为十字或T形交叉口，且交叉口进口道已无空间条件再增加左转车道数；借道左转所在进口方向的出口道数一般不小于3条；同时交叉口内部空间满足借道左转车辆转弯半径要求。

● **交通流量条件**

一般情况下，一个或多个进口左转车辆最大排队长度接近进口道展宽段的2倍，且左转交通拥堵的进口道直行交通流量较大，无法将直行车道永久或临时调整为左转专用车道。

● **信号控制条件**

实施借道左转交通组织方式的进口道应设置有专用左转相位，且该相位已无法分配更多的绿灯时间。当交叉口为对称放行模式时，借道左转进口的相序应为先左转后直行，借道左转车辆在相交方向放行直行车辆时进入同向出口车道，因此如果相交方向不存在单独左转相位，则车辆无法正常借道；当交叉口为单口轮放时，其放行时间要满足借道左转车辆占用对向车道的时间。

（2）开口位置和长度确定

开口位置决定借道左转车道的长度，因此需要合理选择借道左转车道开口的位置，应综合考虑以下几点：

- **开口位置**

一般情况下，借道左转的开口宜设置在进口道的展宽渐变段处。当道路中心线未偏移时，开口位置可向交叉口上游方向适当前移，但距离交叉口停止线的距离不宜过远，避免影响驾驶人准备视认交叉口信号状态，同时还应综合考虑横跨车道数、过渡道路开口长度、放行进入借道左转车道的起止时间等因素；当道路中心线偏移时，开口应设置在进口道的展宽渐变段处。

- **开口长度**

由于车辆借道存在一个变道过程且交叉口存在车辆掉头需求，借道开口长度不宜过小，否则会影响通行效率；开口长度过大也不利于车辆减速慢行，存在安全隐患。建议不同道路类型开口长度取值如下：

- 城市主干路开口长度可取 15~20m。
- 城市次干路开口长度可取 10~15m。

- **开口处配套交通安全设施**

若进口存在中央隔离栏或中央绿化带，则根据所需开口位置及开口长度拆除相应的隔离栏或绿化带，同时在开口的终点位置放置防撞桶，避免车辆撞上中央隔离栏。

（3）配套标志、标线等设施设置

"借道左转"交通组织标志标线设置示例图如图 5-6 所示。

- **增设借道左转引导标线**

借道左转开口处施划可跨越对向车行道分界线，与禁止跨越对向车行道分界线组成一组黄色虚实线，用以分隔对向行驶的交通流。虚线侧准许车辆临时越线即准许左转车辆借道通行时跨越，实线侧禁止车辆越线即禁止出口车辆驶入进口道。

- **增设潮汐车道线和停止线**

借道左转车道两侧施划潮汐车道线即双黄虚线来指示借道左转车道的位置，车道宽度与原出口道宽度一致；借道左转车道前施划白色虚实线标示左转车辆等候放行时的停车位置，如图 5-7 所示。为提高借道左转车道的视认性，可将车道施划为彩色路面，建议采用绿色。

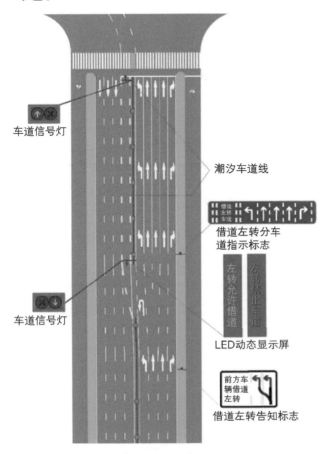

图 5-6　借道左转标志标线设置示例图

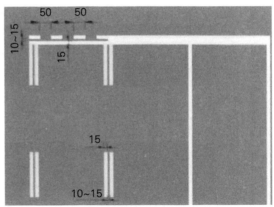

图 5-7　借道左转车道停止线示意图

- **增设路口左转导向线**

由于设借道左转车道后车辆的左转弯半径小于原左转车道的转弯半径，且两股车流在出口道容易发生合流冲突，因此，宜在路口增设左转导向线，辅助车辆行驶和转向，以规范左转弯车流的行驶轨迹，提升左转车辆通过路口的效率和安全性。

- **设置掉头开口**

可在实施借道左转的同时，在借道左转开口处增设掉头导向箭头，车辆利用开口提前掉头，避免影响进口道左转车辆通行。

- **根据情况增设路口直行待行区**

由于借道左转时采用先左转后直行的信号放行方式，因此当交叉口满足直行待行区设置的空间条件时，可设置直行待行区缩减直行车辆排队长度，图 5-8 所示为河北邯郸市某借道左转路口示例。

- **借道左转告示标志**

应在借道左转开口前适当位置增设借道左转告示标志，采用白底、黑字、黑边框和白色衬边，显示文字可以设计为"前方车辆借道左转"，同时辅以合理的图案设计，如图5-9所示，进一步有效指引驾驶人借道左转的通行规则，从而完整表达其借道通行的信息。可以设置在交叉口渐变段起点前10~30m的位置，有条件的可以在远处重复设置1~2次。

图5-8　邯郸市借道左转交叉口设置直行待行区示例

图5-9　借道左转告示标志示意图

- **借道左转分车道指示标志**

应在借道左转开口适当位置增设借道左转分车道指示标志，如图5-10所示，以指示驾驶人前方道路车道功能的变化情况，使其按照相应的车道指示方向行驶。

图5-10　借道左转分车道指示标志示意图

（4）信号灯设置

在维持现有交叉口信号灯（借道左转进口同时包含左转方向指示信号灯与机动车信号灯）的基础上，应增设交叉口借道左转预信号灯，宜设置入口动态显示屏。

- **交叉口借道左转预信号灯**

交叉口预信号灯用来指引车辆借道左转，提供车辆左转信号，用来指示借道左转车道对于某个通行方向的开启或关闭，可设置在借道左转车道入口位置，朝向交叉口外侧，用来提醒借道左转车辆是否可以驶入借道左转车道。

● **入口动态显示屏**

入口动态显示屏的作用是有效引导和禁止借道左转车辆进入潮汐车道，其文字颜色应与预信号灯色颜色变换一致，当预信号灯为绿灯时，显示屏显示文字为绿色的"左转允许借道"字样；当预信号灯为红灯时，显示屏显示文字为红色的"左转禁止借道"字样，如图5-11所示。宜设置在借道左转起点处并正对来车方向。

（5）车辆驶入借道区域要求

图5-11 入口动态显示屏

采用借道左转交通组织方式的交叉口信号相序为"先左转，后直行"，交叉口信号各相位阶段如图5-12所示，以交叉口南进口为例：

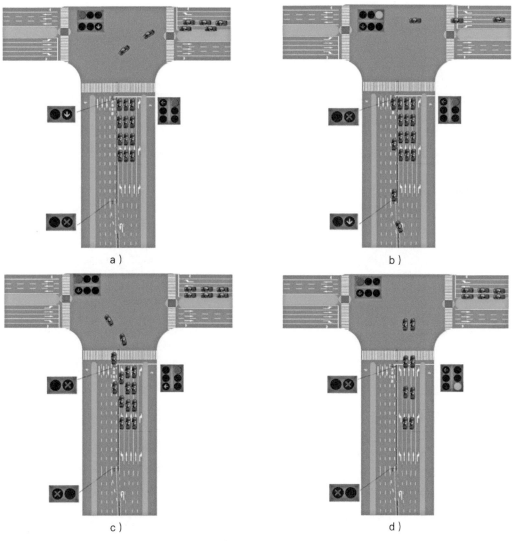

图5-12 借道左转信号相位及车辆放行示意图

第一阶段（见图 5-12a）：放行东西向左转车流时，南进口直行车辆与左转车辆均在停止线后排队等待。

第二阶段（见图 5-12b）：相交进口道（东西向）直行相位绿灯启亮时，本向进口道（南进口）左转车辆允许进入借道左转车道等待，直至本方向左转车辆放行。

第三阶段（见图 5-12c）：当本向（南进口）左转相位开始时，借道左转车道的左转车辆与进口道左转车辆开始放行，同时，禁止左转车辆进入借道左转车道，左转相位结束时应清空借道左转车道内所有车辆。

第四阶段（见图 5-12d）：本方向（南进口）开始放行直行车辆，此时，仍禁止左转车辆进入借道左转车道，未通过路口的左转车辆进入进口左转车道内等候放行。

5.3 » 右转专用车道设计

5.3.1 设置条件

右转专用车道的设置与否主要从交叉口的通行效率和安全性两方面考虑。考虑到右转车辆到达的离散性，为减少右转车辆对行人和非机动车通行的干扰，一般优先设置为直右车道；当右转交通量满足一定条件时，才考虑设置专用右转车道。设置时主要考虑右转机动车流量、非机动车流量和行人流量。主要有以下几种情形：

1）当交叉口高峰 15min 内每信号周期右转车平均到达量达到 4 辆或道路空间允许时，宜设置右转专用车道。

2）当通过人行横道的行人流量较大或同向直行非机动车流量较大，需要单独控制右转车辆以保障行人和非机动车的通行安全时，应设置右转专用车道。

5.3.2 设置方式

设置交叉口右转专用车道，应首先考虑适当的路口加宽与适当的路口车道宽度缩减，上述措施无法满足要求或受条件限制无法实施时，按优先次序可依次采用缩小机非分隔带的宽度、缩小机非分隔带宽度并缩小车行道宽度、偏移道路中心线并缩小车行道宽度、缩小路肩宽度等方法来设置右转专用车道。

进口道设计时，右转车道宜向进口道右侧（靠非机动道或人行道一侧）展宽。

- **缩小机非分隔带宽度并缩小车行道宽度**

在设置有机非分隔带的道路，可采用缩小机非分隔带和缩减进口机动车道宽度相结合的方法设置右转专用车道，如图 5-13 所示。

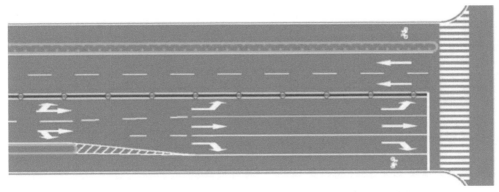

图 5-13 缩小机非分隔带宽度并缩小车行道宽度设置右转专用道示意图

- **进口道展宽**

在未设置机非分隔带的道路，可将进口道进行展宽以增设右转专用车道，如图 5-14 所示。

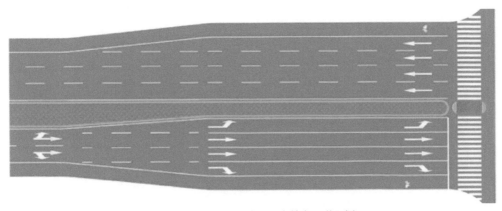

图 5-14 进口道展宽设置右转专用道示例

5.4 » 掉头车道设计

5.4.1 设置条件

《道路交通安全法实施条例》第四十九条规定，机动车在有禁止掉头或者禁止左转弯标志、标线的地点以及在铁路道口、人行横道、桥梁、急弯、陡坡、隧道或者容易发生危险的路段，不得掉头。机动车在没有禁止掉头或者没有禁止左转弯标志、标线的地点可以掉头，但不得妨碍正常行驶的其他车辆和行人的通行。

在城市道路中，主要考虑小型汽车和公交车的掉头设计，本手册列举这两种车型掉头时的转弯半径要求，其他类型的车辆可选择参考。掉头车道的设置应满足车辆掉头的转弯半径要求。假设车辆转弯的速度不低于 15km/h，车道宽度为 3.5m，两类车型的车长、需要的转弯半径见表 5-2，掉头车道的空间设计必须满足掉头车辆运动半径的要求。

表5-2　掉头车辆转弯半径要求 　　　　　　　　　　　　　　　（单位：m）

车型	车长	轴距	轴半径	运动半径
小型车	4.9	3.35	5.8	7.3
大型车	12.2	7.32	12.4	13.7

5.4.2　设置方式

为减少掉头车辆对交叉口通行的影响，同时提高掉头车辆的交通安全性，应根据交叉口的实际情况，选择适当位置合理设置掉头车道。掉头车道设置方式和设置位置主要根据车辆的掉头半径、进口道断面形式、左转交通流量等因素综合确定。

1）当道路中央设置有绿化隔离带且隔离带宽度足够（中央隔离带宽度大于5m）时，宜将掉头车道布置在进口道左侧，并通过压缩进口道范围内隔离带宽度的方式在交叉口上游设置专用掉头车道，如图5-15所示。这种情况下掉头车辆可不受交叉口信号控制，且减少对排队左转车辆的影响。为保障安全，宜在掉头开口处设置掉头指示和停车让行标志标线，警示掉头车辆让行主线直行车流。

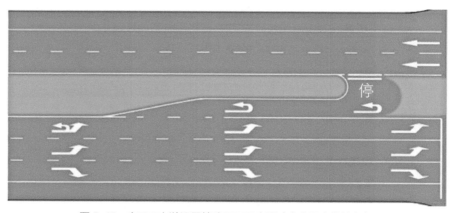

图5-15　交叉口上游设置掉头开口示意图（中央隔离带较宽）

2）当中央隔离带宽度足够但未延伸至进口道停止线时，可通过施划标线利用此空间在交叉口上游设置专用掉头开口，如图5-16所示。为保障安全，宜在掉头开口处设置掉头指示和停车让行标志标线，警示掉头车辆让行主线直行车流。

3）当道路中央设置有中央绿化隔离带时，如果需要在交叉口展宽渐变段上游设置掉头车道提前分流掉头车辆，可直接在中央绿化带设置掉头开口，如图5-17所示。

4）当道路中央隔离带宽度不足或未设置绿化隔离带时，建议采用越过停止线掉头的方式，如图5-18所示。此时，掉头车辆与左转车辆共用左转车道，也可单独设置掉头专用车道。这种设置方式下的掉头车辆完全受信号灯控制，根据左转信号指示掉头。

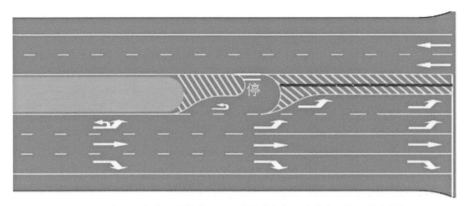

图 5-16 交叉口上游设置掉头开口示意图（中央隔离带未延伸至停止线）

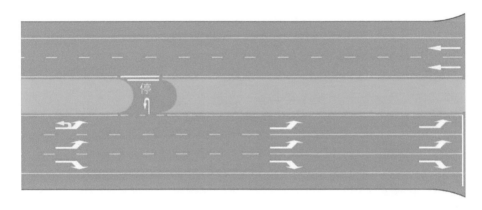

图 5-17 交叉口上游设置掉头开口示意图（掉头开口距离停止线较远）

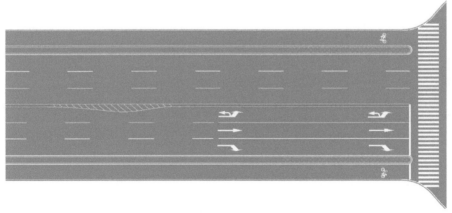

图 5-18 车辆越过停止线掉头设置示意图

5）当交叉口中央分隔设施较窄或未设置分隔设施，导致车辆掉头转弯半径不满足掉头要求，且掉头车流量较大必须设置掉头车道时，掉头车道可布置在进口道右侧，即"掉头车道外置"，如图 5-19 所示。此时，需要提前并重复设置车道分向行驶标志，提前告知驾驶人车道分布情况。

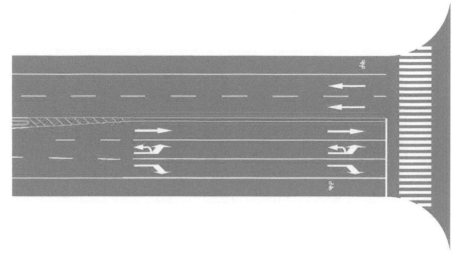

图 5-19　掉头车道外置设置示意图

6）当掉头交通流主要来源于进口道右侧建筑物出入口时，为减少掉头车辆变道对主线直行车流的干扰，可采用"掉头车道右置"的设置方式。

5.5 » 出口道设计

5.5.1　出口车道数量

一般可通过以下方式确定交叉口出口道车道数：

1）交叉口出口车道数量应尽量与下游路段车道数相等，避免形成交通瓶颈。

2）在交叉口空间满足的条件下，出口道车道数应不小于上游各进口道同一信号相位流入的最大进口车流股数。例如，直行相位时，出口道的车道数应不小于对向直行车流和相邻进口道的右转车流股数之和。

3）如果交叉口条件受限时，则可以不考虑相邻进口道右转车辆的影响，出口道车道数可比流入的最大进口车流股数减少一条。

5.5.2　出口车道宽度

由于出口道车辆行驶速度比进口道快，因此出口车道的宽度应比进口车道略宽，具体尺寸应根据实际道路情况确定：

1）一般建议每条出口车道宽度取 3.5m，一般不应大于 3.75m，如果路幅较宽超过最大宽度要求时，则可通过施划导流线等方式压缩车道宽度。

2）一般情况下交叉口出口车道宽度不应小于下游路段的车道宽度，如果受道路红线影响，通过压缩出口车道宽度的方式来增加进口车道数时，则每条出口车道的宽度也不宜小于 3.25m。

5.5.3 出口道拓宽

当交叉口上游进口道设置有交通岛，或出口道布设公交港湾式停靠站时，出口道宜进行拓宽设计。根据国家标准《城市道路交叉口规划规范》（GB 50647—2011），出口道展宽的长度包括出口道展宽段和展宽渐变段长度，一般应满足如下要求：

1）当出口道展宽段内不设公交停靠站时，展宽段长度根据道路功能等级来确定，主干路不应小于 60m，次干路不应小于 45m，支路不应小于 30m，当道路条件受限时，展宽段长度不应低于 30m。

2）当出口道展宽段内设置有公交停靠站时，展宽段长度除满足道路等级要求外，还应增加公交停靠站长度的要求。其中，公交停靠站的长度可根据公交站台停靠车辆数和公交车辆长度确定。

3）展宽渐变段长度不应小于 20m。

5.6 » 交叉口内行车流线设计

5.6.1 行车导向设计

在平面交叉口面积较大、形状不规则或交通组织复杂，车辆寻找出口车道困难或交通流交织严重时，应进行路口行车导向设计，辅助车辆行驶和转向。

路口导向线可仅设置一条且布置于导向车道一侧。在车道方向识别特别困难的情况下，也可设置两条导向线布置于导向车道两侧；一般单个交叉口的路口导向线设置总量不宜超过 4 条。

5.6.1.1 左转导向设计

交叉口面积较大、形状不规则或规则交叉口的左转车辆转弯半径受限（转弯半径 < 25m）时，宜对左转车流开展导向设计，通过设置左转导向线，辅助车辆行驶和转向，以规范左转弯车流的行驶轨迹，减少路口交通冲突。左转导向线的设计方法如下：

1）连接同向车行道分界线或机非分界线的左转导向线为白色圆曲虚线；连接对向车行道分界线的路口导向线为黄色圆曲虚线（见图 5-20）。

2）对向左转导向线不应在路口内交叉。当进口道没有非机动车通行或非机动车组织二次过街时，两条对向距离最近的导向线之间应保证 1m 以上的安全距离；当非机动车跟随机动车左转通行时，应保证 4.5m 以上的安全距离，条件受限时不得低于 3.5m（见图 5-21）。

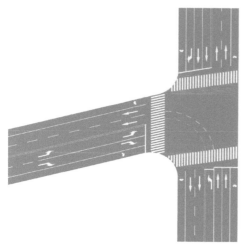 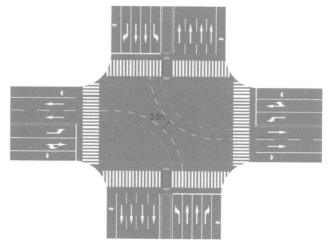

图 5-20　左转弯导向线设置示意图　　　　图 5-21　左转弯导向线安全距离示意图

5.6.1.2　右转导向设计

交叉口内车辆右转弯半径较小、右转弯车辆易与非机动车发生冲突、右转视距受限或经常有大型车辆右转的路口，宜设置右转弯导向线，用以规范右转车辆的行驶轨迹。

右转导向线为白色圆曲虚线，从右转弯机动车道外侧的机非分隔线或路缘线末端为起点，沿机动车右转轨迹连接至出口道机非分道线或路缘线起始点（见图 5-22）。

建议右转导向线半径的取值如下：

1）为了行车舒适性、防止车辆侧滑、减少对相交道路直行车辆通行能力的影响，右转导向线半径不宜过小，最低不能小于 5m。

2）当进口道大型车辆右转比例较高时，取值应适当加大。但为了降低右转车辆车速，提升行人和非机动车过街交通的安全性，右转导向线半径最大不宜超过 10m。

5.6.1.3　直行导向设计

路口进口直行车道和同方向出口车道错位设置，存在事故隐患时，可根据实际情况进行直行导向设计，通过设计直行导向线以规范直行车辆的行驶轨迹，减少交通冲突。

连接同向车行道分界线或机非分界线的直行导向线为白色圆曲（直线）虚线；连接对向车行道分界线的路口导向线为黄色圆曲（直线）虚线（见图 5-23）。

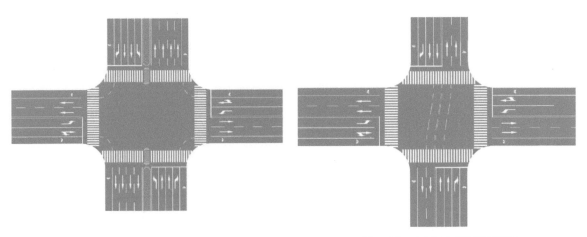

图 5-22　右转弯导向线设置示意图　　　　　　　　图 5-23　直行导向线设置示意图

5.6.2　非行车区设计

在面积过大、不规则或行驶条件比较复杂的交叉口，利用标线对交叉口范围内的非行车区进行施划，可以进一步组织引导并规范各车种、各流向车流的通行轨迹，设计的时候应注意减少各车种、各流向车流在交叉口的冲突范围，同时不影响车流的正常通行轨迹。以下场景宜进行非行车区设计：

1）交叉口交通岛的尖角处：以提醒右转机动车提前采取变道措施，规范右转车辆行驶轨迹，避免与交通岛发生碰撞（见图 5-24）。

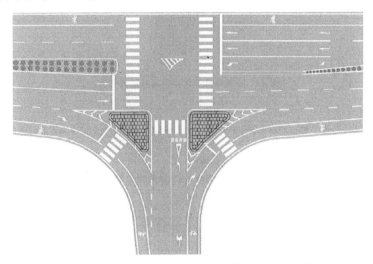

图 5-24　交叉口交通岛尖角处导流线设置方法示意图

2）物理隔离带与停止线之间：当中央隔离带或机非隔离带未延伸至停止线时，为了禁止车辆驶入，宜在物理隔离带末端与停止线之间进行非行车区设计（见图 5-25）。

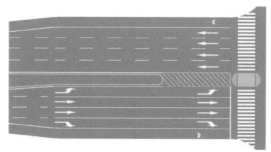

图 5-25　中央绿化带前端导流线设置方法示意图

3）畸形交叉口：畸形交叉口交通流向复杂，为了减少各向交通流之间的相互干扰和交通冲突，规范行车轨迹，宜进行非行车区设计（见图 5-26）。

4）T 形交叉口合流处：为规范直行车流与左转车流的行驶轨迹，避免左转、直行车流的合流冲突，配套可施划路口导向线引导左转车流行驶路径（见图 5-27）。

图 5-26　畸形交叉口导流线设置示例

图 5-27　T 形交叉口合流处导流线设置示例

5）平面环形交叉口：规范引导机动车进出环岛的行驶路径，减少其与非机动车的冲突（见图 5-28）。

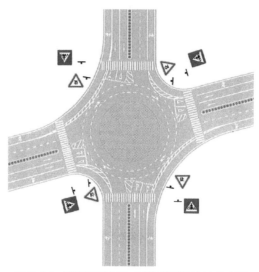

图 5-28　平面环形交叉口导流线设置方法示意图

6）交叉口供行人驻足使用的渠化岛内不应进行非行车区设计，非行车区应当禁止各类交通流通行（包括行人），禁止将非行车区作为行人驻足等候区。交叉口导流线错误与正确设置示例如图 5-29 和图 5-30 所示。

图 5-29　交叉口导流线错误设置示例

图 5-30　交叉口导流线正确设置示例

5.6.3　待行区设计

5.6.3.1　左弯待转设计

左弯待转设计是指在左转专用车道前方（交叉口内部）划出一块专供左转车辆行驶等待的区域，当进口道直行相位绿灯启亮时，左转车辆跟随直行车辆起动，排队的前几辆车进入左弯待转区内等待，直至左转相位放行。

左弯待转区的主要作用是有效利用道路交叉口的时空资源，在不增加左转专用车道数及左转相位放行时间的情况下能有效减少左转车辆通过交叉口的时间和左转车辆的排队长度。

（1）适用条件

左弯待转设计的适用条件包括几何条件、流量条件和信号相位条件，当三者同时满足时可设置左弯待转区。

- **几何条件**

交叉口内部要有足够的待转区设置空间，一般为使左弯待转区有较好的使用效果，需保证左弯待转区内至少能停放 3 辆车，故左弯待转区内车辆行驶轨迹长度大于 18m 时可以设置。当道路设置有中央分隔带时，几何条件一般比较容易满足。

- **流量条件**

当交叉口进口道左转交通量大，单周期内左转车辆排队长度超过左转专用进口道长度时，可设置左弯待转区增加左转车道的蓄车空间；当单周期内左转车辆排队长度小于左转专用进口道长度时，设置意义不大。

- **信号相位条件**

设置左弯待转区的进口必须同时存在专用直行相位与专用左转相位，且相序必须为先直行后左转。

（2）标线设置

左弯待转区设在左转专用车道前端，伸入交叉口内部，伸入长度应保证在此范围内待行的左转车辆不与对向直行车辆发生冲突：

- 左弯待转区设置的位置和尺寸应综合考虑交叉口实际面积、左转车流量及主要左转弯车型等情况。

- 左弯待转区末端应尽量向前延伸至交叉口中心，但其末端与对向直行车道的延长线应相距1m以上，不占用对向直行车辆的行驶轨迹（见图5-31）。

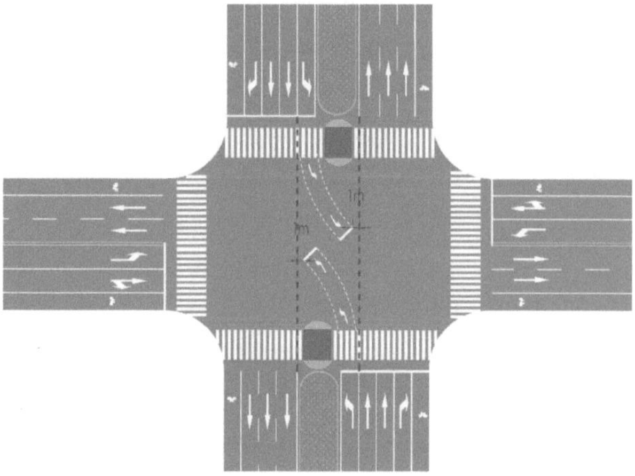

图5-31 左弯待转区设置示意图（一）

- 交叉口进口道设置2条及2条以上左转专用车道时，外侧左转专用车道的待转区可略长于内侧车道，增加蓄车空间，减少外侧车道车辆通过路口的时间（见图5-32）。

- 在有条件的交叉口，左弯待转区可以设置为"少变多"的形式，充分利用空间，增加左转车道的蓄车空间（见图5-33）。

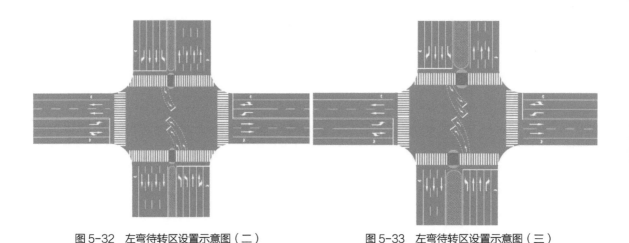

图5-32 左弯待转区设置示意图（二）　　　　图5-33 左弯待转区设置示意图（三）

（3）车辆驶入待行区要求

左弯待转区信号相位示意图如图 5-34 所示，以交叉口南进口为例。

第一阶段（图 5-34a）：放行东西向车流时，南进口直行车辆与左转车辆均在停止线后排队等待。

第二阶段（图 5-34b 和图 5-34c）：当南进口直行车辆放行时，左转车辆进入待转区。

第三阶段（图 5-34d）：南进口直行车辆停止放行，左转方向指示信号灯亮绿灯，左转车辆从待转区停止线开始放行。

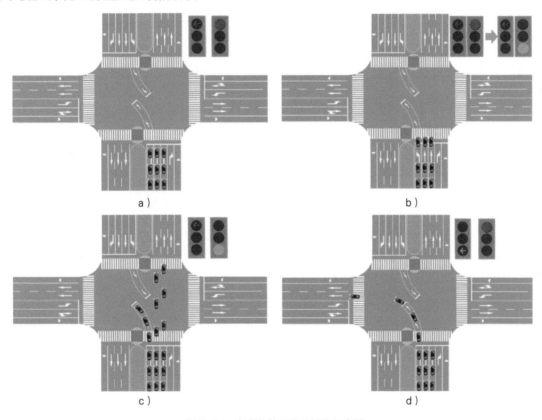

图 5-34　左弯待转区信号相位示意图

5.6.3.2　直行待行设计

直行待行设计是指在直行专用车道前方（交叉口内部）划出一块专供直行车辆行驶等待的区域，本方向的信号相位先左转后直行，进口道左转相位绿灯启亮时，直行车辆跟随左转车辆起动，排队的前几辆车进入直行待行区内等待，直至直行相位放行。当路口范围较大时，也可在横向道路车辆左转时，直行车进入待行区停车等候。直行待行区的主要作用是有效利用道路交叉口的时空资源，在不增加直行专用车道数及直行相位放行时间的情况下有效减少直行车通过交叉口时间和直行车辆排队长度。

（1）适用条件

直行待行设计的适用条件包括几何条件、流量条件和信号相位条件，当三者同时满足时可设置直行待行区。

- **几何条件**

交叉口内部要有足够的待行区设置空间，一般为了能让直行待行区有较好的使用效果，需保证直行待行区内至少能停放 3 辆车，故直行待行区长度大于 18m 时可以设置。当相交道路路幅较宽时，几何条件一般较易满足。

- **流量条件**

当交叉口进口道直行交通量大，单周期内直行车辆排队长度超过直行专用进口道长度时，可设置直行待行区增加直行车道的蓄车空间；当单周期内直行车辆排队长度小于直行专用进口车道长度时，设置意义不大。

- **信号相位条件**

当车辆在同向左转放行时进入直行待行区，设置直行待行区的进口必须同时设置专用直行相位与专用左转相位，且相序必须为先左转后直行；当车辆在横向左转时进入直行待行区，该进口可以先放行直行后放行左转车辆，也可以直行左转同时放行。

（2）标线设置

直行待行区可以通过延伸直行车道，使停止线深入到交叉口中央，充分利用交叉口内部的空间资源：

- 直行待行区之间应保留出左转车辆的通行空间，不应妨碍对向的左转车辆通行，确保左转车辆通行顺畅。但其末端与对向或横向左转车道的延长线应相距 1m 以上，不得妨碍左转车辆通行（见图 5-35 和图 5-36）。

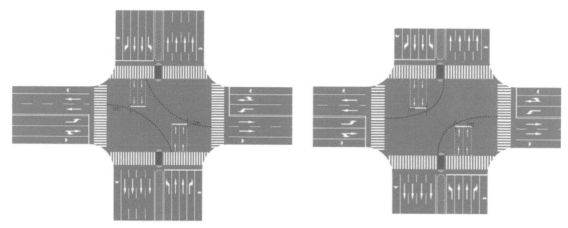

图 5-35　直行待行区设置示意图（与同向左转车同时放行）　　图 5-36　直行待行区设置示意图（与横向左转车同时放行）

- 当空间受限时，为了更加充分利用交叉口内部间隙，直行待行区可设置阶梯形停止线（见图5-37）。

（3）车辆驶入待行区要求

- **与同向左转同时放行**

以交叉口南进口为例。

第一阶段（图5-38a）：放行东西向车流时，直行车辆与左转车辆均在停止线后排队等待。

第二阶段（图5-38b和图5-38c）：当南进口左转车辆放行时，直行车辆进入待行区。

第三阶段（图5-38d）：南进口左转车辆停止放行，机动车信号灯亮绿灯，直行车辆从待行区停止线开始放行。

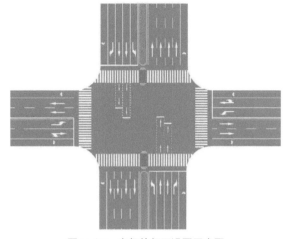

图5-37 直行待行区设置示意图
（同方向先左转后直行）

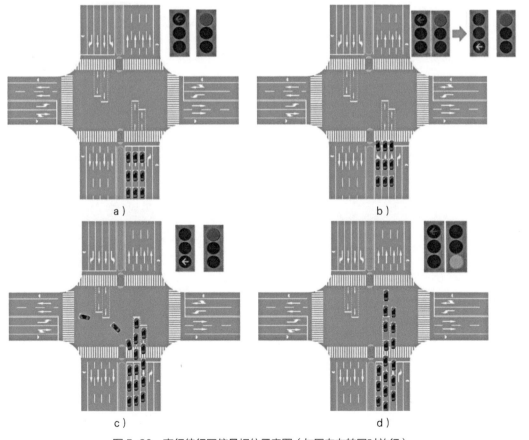

a）

b）

c）

d）

图5-38 直行待行区信号相位示意图（与同向左转同时放行）

● **与横向左转同时放行**

以交叉口南进口为例。

第一阶段（图5-39a）：放行东西向直行车流时，南进口直行车辆与左转车辆均在停止线后排队等待。

第二阶段（图5-39b和图5-39c）：当东西进口左转车辆放行时，南进口直行车辆进入待行区。

第三阶段（图5-39d）：南进口机动车信号灯亮绿灯，直行车辆从待行区停止线开始放行。

在设置直行待行区进口对应的出口处，应增加交通标志或LED屏辅助指引车辆进入待行区：当直行待行与同向左转同时放行时，可以设置交通标志静态引导车辆进入；当直行待行与横向左转同时放行时，应设置LED屏动态引导车辆进入。

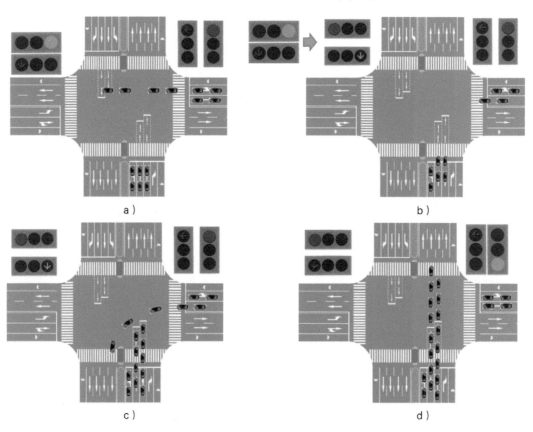

a)　　　　　　　　　　　b)

c)　　　　　　　　　　　d)

图5-39　直行待行区信号相位示意图（与横向左转同时放行）

5.6.3.3 "双待叠加"综合待行设计

双待叠加综合待行设计是指在直行和左转专用车道前方（交叉口内部）均划出一块专供车辆行驶等待的区域。相交进口道左转相位绿灯启亮时，本向进口道直行车辆起动，排队的前几辆车进入直行待行区等待，直至本向直行相位放行。当本向直行相位开始时，直行车辆开始驶离待行区，此时左转车辆开始进入待转区等待；当直行相位结束左转相位开始时，左转车辆开始驶离待转区，继续通过交叉口。双待叠加综合待行区的主要作用是有效利用道路交叉口的时空资源，在不增加车道数及相位时间的情况下有效减少车辆通过交叉口的时间和车道排队长度。

（1）适用条件

双待叠加综合待行设计的适用条件包括几何条件、流量条件和信号相位条件，当三者同时满足时可设置。

● **几何条件**

交叉口内部要有足够的待行区设置空间，一般需保证直行待行区与左弯待转区长度均大于 18m。当道路设置有中央分隔带或相交道路路幅较宽时，几何条件一般较易满足。

● **流量条件**

当交叉口进口道直行与左转交通量都较大，单周期内直行车辆排队长度超过直行专用进口道长度且左转车辆排队长度超过左转专用进口道长度时可设置，以增加车道的蓄车空间；否则，设置意义不大。

● **信号相位条件**

路口至少为四相位控制，一般为常见四相位对称放行，且直行相位在左转相位之前。

（2）标线设置

双待叠加综合待行区是将直行待行区和左弯待转区组合起来，其标线施划要求与两者各自设置的方法一致，故不做赘述，设置要求为：

综合待行区设置的位置和尺寸应综合考虑交叉口实际面积、左转直行车流量及主要车型等情况。直行待行区末端与横向左转车道的延长线应相距 1m 以上，左弯待转区末端与对向直行车道的延长线应相距 1m 以上。为了进一步提高空间利用率，直行待行区可设置阶梯形停止线，左弯待转区可设置成少变多的形式，如图 5-40 所示。

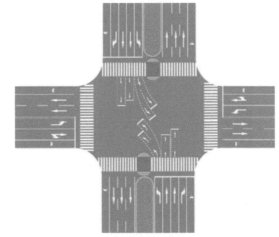

图 5-40　直行和左转综合待行区设置示意图

（3）车辆驶入待行区要求

在设置双待叠加综合待行区进口对应的出口处，应增加 LED 显示屏动态指引车辆进入待行区。当信号灯杆满足设置条件时，可设置在信号灯悬臂杆上；当不满足设置条件时，可以单独使用杆件设置在交叉口出口位置，不应与信号灯相互遮挡。

双待叠加综合待行区信号相位示意图如图 5-41 所示，以交叉口南进口为例：

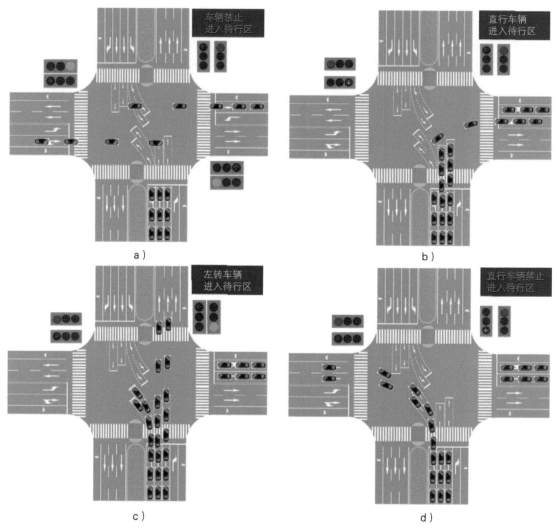

图 5-41 双待叠加综合待行区信号相位示意图

第一阶段（图 5-41a）：放行东西向直行车流时，南进口直行车辆与左转车辆均在停止线后排队等待，显示屏显示红色文字"车辆禁止进入待行区"。

第二阶段（图 5-41b）：相交进口道（东西向）左转相位绿灯启亮时，本向进口道（南进口）直行车辆起动，排队的前几辆车进入直行待行区等待，直至本向直行相位放行，显示屏显示绿色文字"直行车辆进入待行区"。

第三阶段（图 5-41c）：当本向（南进口）直行相位开始时，直行车辆开始驶离待行区，此时左转车辆开始进入待转区等待，直至本向左转相位放行，显示屏显示绿色文字"左转车辆进入待行区"。

第四阶段（图 5-41d）：南进口直行车辆停止放行且待行区内车辆清空，左转方向指示信号灯亮绿灯，左转车辆开始驶离待转区，继续通过交叉口，显示屏显示红色文字"直行车辆禁止进入待行区"。

5.7 » 停止线位置设计

在采用信号控制的交叉口、铁路平交道口、左弯待转区的前端、直行待行区前端、人行横道线前及其他需要车辆停止的位置均应设置停止线，标示车辆在等候放行时的停车位置。其中，停止线的设置主要考虑以下因素：

- 停止线应设置在有利于驾驶人观察路况的位置。
- 设置在人行横道前时，停止线应距离人行横道线 1~3m。
- 不规则交叉口的停止线可根据实际情况设置成斜形或阶梯形（见图 5-42）。
- 两相邻进口道的停止线位置，应在保证左转弯半径的前提下设置。停止线对横向道路左转车正常通行有影响时，可适当后移，或部分车道的停止线做适当后移，将停止线设置为错位形式，后移距离可根据实际情况确定，一般在 1~3m 之间，非机动车的停止线可以与后移的机动车停止线分开设置。停止线错位设置示意图如图 5-43 所示。

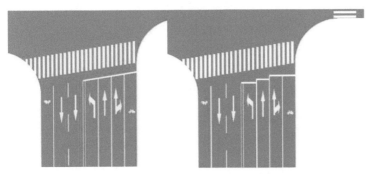

图 5-42 不规则交叉口停止线设置示意图

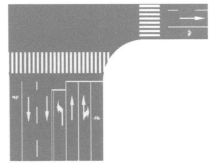

图 5-43 停止线错位设置示意图

5.8 » 交叉口内公交专用车道设计

交叉口交通流排队会造成公交车辆延误，基于公交优先的考虑，设置公交专用进口车道是缓解这一问题的主要措施。设置交叉口公交专用进口车道的核心目标之一是协调各类交通流，降低公交车辆在交叉口的延误以及公交优先对社会车辆（本手册中"社会车辆"是指除公交车辆以外的其他机动车）通行效益的影响。

5.8.1 进口道公交专用车道

进口道处公交专用车道在交叉口横断面的布置设计，与道路交叉口的整体交通条件、公交停靠站位置、停靠站形式等密切相关。按照公交专用车道与路段公交专用车道的相对位置关系，将进口道公交专用车道分为直通式、错开式以及与转向社会车辆混行3种形式，以下分别介绍其设置方法。

5.8.1.1 直通式公交专用车道

"直通式"公交专用车道是指公交车辆不需要变换车道，可以相对顺直地由路段公交专用车道驶入公交专用进口道。这种设置方式对交通流的影响最小，尤其有利于公交车辆的行驶，公交车辆不需要变换车道。

（1）公交专用车道位于外侧车道

当路段公交专用车道位于外侧车道时，公交专用车道相对顺直地延伸至机动车停止线，同时在进口道开始前设置一段交织段（一般在交织段施划黄色网状线），便于右转社会车辆变换车道（见图5-44）。

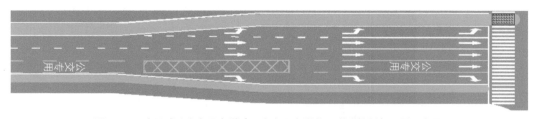

图 5-44　直通式公交专用车道（公交专用车道位于道路外侧）设置示意图

（2）公交专用车道位于内侧车道

当路段公交专用车道位于内侧车道时，公交专用车道可相对顺直地延伸至机动车停止线，同时在进口道开始前设置一段交织段（一般在交织段施划黄色网状线），便于左转社会车辆变换车道（见图5-45）。

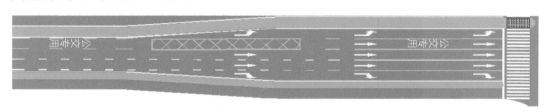

图 5-45　直通式公交专用进口车道（公交专用车道位于道路内侧）设置示意图

5.8.1.2 错开式公交专用车道

"错开式"公交专用车道是指路段上的公交车道与进口道的公交专用车道存在一定的

"偏移"，公交车辆不能"顺直"地驶入路口公交专用进口道。这种设置方式对公交车辆和社会车辆的行驶顺畅性影响均较大，因为二者在进入交叉口进口车道时都需要变换车道，交织过程中易引起交通秩序混乱。

（1）公交专用车道位于外侧车道

当路段公交专用车道位于道路外侧，且右转社会交通量较大而进口道外侧用地条件不能满足向右拓宽进口车道时，将公交专用车道由最外侧车道向内侧移一个车道，同时在进口道开始前设置一段交织段（一般在交织段施划黄色网状线），以便于公交车辆和右转社会车辆变换车道（见图 5-46）。

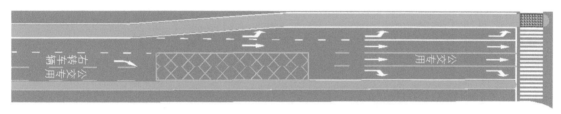

图 5-46　错开式公交专用进口车道（公交专用车道位于道路外侧）设置示意图

（2）公交专用车道位于内侧车道

当路段公交专用车道位于道路内侧，且左转社会交通量较大，因道路和交通量条件受限，不能向道路中心线展宽一个或多个车道时，将公交专用车道由最内侧车道向外侧移一个车道，同时在进口道开始前设置一段交织段（一般在交织段施划黄色网状线），以便于公交车辆和左转社会车辆变换车道（见图 5-47）。

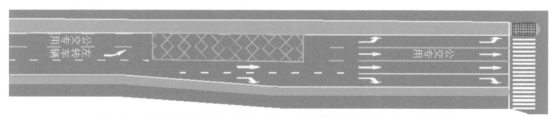

图 5-47　错开式公交专用进口车道（公交专用车道位于道路内侧）设置示意图

5.8.1.3　公交车辆与转向社会车辆混行车道

公交车辆与转向社会车辆混行车道是指公交车辆与右转社会车辆共用一条进口车道。在这种设置方式下，增加了右转社会车辆的延误，因此一般适用于路段公交专用道设置在外侧且右转社会车辆很少的情形。

此时右转和直行车流共用一个信号相位或右转车辆不受信号控制时，可以考虑采用公交车辆与右转社会车辆共用一个进口车道的方式，交织段的设置方式同上（见图 5-48）。

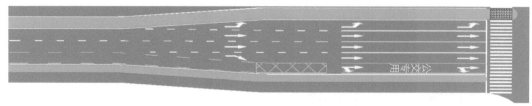

图 5-48　公交车辆与转向车辆混行进口道（公交专用车道位于道路外侧）设置示意图

5.8.2　出口道公交专用车道

设计出口道公交专用车道时，应充分考虑公交车辆和社会车辆的变道需求，以及与进口专用车道的衔接。一般情况下，当公交专用车道设置在道路外侧时，为避免右转车辆驶入应设置过渡段。

公交专用车道起点距离机动车出口道起点的距离 L_r（如图 5-49 所示）应大于相交道路进口道驶入的右转车辆变换车道所需的距离，一般可取 30~50m。主干路建议设置为50m，次干路为 40m，支路为 30m；交织段（一般施划黄色网状线）长度宜取 40m。

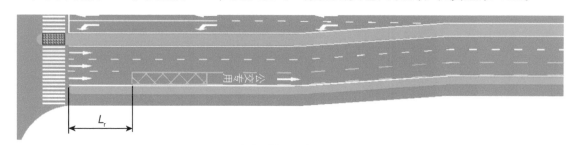

图 5-49　设置在路侧的公交专用出口道设置示意图

5.9 » 可变导向车道设计

当交叉口各流向流量的交通需求变化较小时，可通过信号控制来调节。但当交叉口供需关系发生时段性显著变化时，信号控制已不能很好地应对这些流量波动，此时可根据交通各流向流量的变化，调整交叉口的车道功能，设置可变导向车道，以达到空间资源优化分配的目的。可变导向车道的设置需要考虑相关客观因素，通常包括道路渠化、交通状况、信号配时等条件。

5.9.1　适用条件

可变导向车道设置的适用条件可以从两个方面考虑，首先是从交通流条件考虑是否需要设置，然后再从道路条件考虑可变导向车道的设置是否可行。

5.9.1.1　交通流条件

可变导向车道设置的主要目的是为了调节进口道不同时段交通流运行，因此，交通流条件对可变导向车道的设置尤为重要。一般来说，满足下列条件之一者，可考虑设置可变导向车道：

1）某一导向方向时段性流量显著变化，且直行和转向交通流呈现一定的互补性。不同时段交通流量变化显著，在某些时段直行车流显著多于左转车流；而在另外一些时段，左转车流又会明显增多，直行车流相应减少。不同时段，直行和左转车流的这种互补性，可以通过设置可变导向车道的方法加以改善。

2）通过信号配时优化已不能有效适应交通流量变化和改善车辆排队过长状况，可考虑通过设置可变导向车道的方式，改善交叉口交通运行状况。

5.9.1.2 道路条件

交叉口进口道设置可变导向车道时，需满足以下条件：

1）进口车道数至少为 3 条及以上，且具备设置 1 条可变导向车道的条件。当进口道为 3 条车道时，车道功能可根据交通流量情况设置，一般为 1 条左转、1 条可变车道、一条直右车道。当交叉口进口车道数超过 4 条时，可根据需要设置 2 条可变导向车道。

2）导向车道及渐变段长度应满足车辆排队需求，并满足驾驶人变换车道的空间需求。

3）同方向导向车道数不大于对应的出口车道数。即可变导向车道为直行时，进口道所有的直行车道数不大于对应的出口车道数；若可变导向车道切换为左转时，进口道所有左转车道数不大于对应的出口车道数。

5.9.2 设置方法

5.9.2.1 信号控制要求

在设置可变导向车道时，相应的信号控制应做如下设置：

1）当可变导向车道行驶方向为直行或左转、右转专用时，宜设置专用直行或转向的独立信号相位，保证可变导向车道内车辆的通行效率。

2）当可变导向车道行驶方向为直左或直右混合车道时，该进口道方向应采用单进口放行信号相位。

5.9.2.2 配套交通管理设施

设置可变导向车道时应配套设置可变导向车道标志、标线以及路面文字标记等，如图 5-50 所示。下述配套设施具体的设置方法将在本手册第 8 章进行详细说明。

1）在进口道渐变段与导向车道衔接处，应设置可变导向车道指示标志，用于指示车道的行驶方向。可变导向车道指示标志支持手动或定时切换、自适应切换等模式。其中，当采用自适应切换模式时，通过交通流检测器、交通信号控制机等实现可变导向车道指示标志的自动切换。

2）可变导向车道内应设置可变导向车道线，用于指示方向随需要可变的导向车道的位置。

3）在进口道渐变段起点上游，宜设置提醒前方为可变导向车道的标志或路面文字标记等，用于提醒、警示即将驶入交叉口的车辆驾驶人注意。

4）可变导向车道停止线前方不应设置待转区。

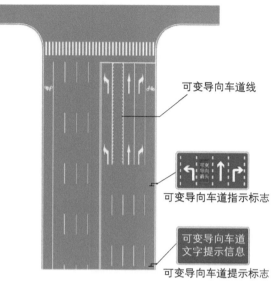

可变导向车道线

可变导向车道指示标志

可变导向车道文字提示信息

可变导向车道提示标志

图 5-50　可变导向车道配套设施示意图

5.10 » 交叉口内潮汐车道设计

当路段设置有潮汐车道时，潮汐车道沿线的交叉口需要根据不同的交通需求，采取不同的交通组织方式。

（1）潮汐车道所在进口道禁止左转

当交叉口直行车辆比例较高，即通过交叉口的左转车流量较小，且交叉口周边存在可以绕行的道路时，可采取禁左措施，以减小左转车流与潮汐车道车流的干扰，提高通行效率。如上海市吴淞路及四平路部分路段，该区域路网较为密集，左转车辆可通过周边道路绕行，故而采取了交叉口禁左措施（见图 5-51）。

图 5-51　上海市吴淞路及四平路潮汐车道起点设置实例

禁左交叉口的潮汐车道配套交通设施设置如图 5-52 所示。

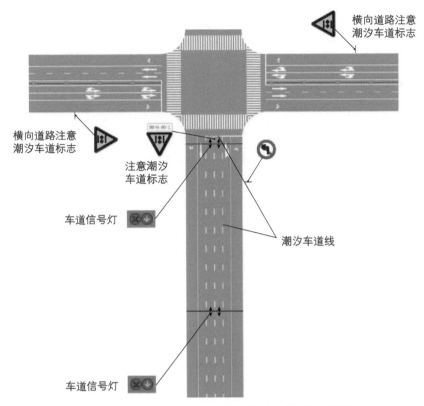

图5-52 潮汐车道跨越路口禁左转标志标线设置示意图

- **潮汐车道线和停止线设置**

路段潮汐车道线应相应延伸至进口道停止线处，由于潮汐车道根据交通控制需求具备进口道或出口道功能，因此潮汐车道对应停止线应施划为"虚实线"形式，虚线应设置在交叉口中心一侧，如图5-53所示。

- **注意潮汐车道标志**

注意潮汐车道标志用以警告车辆驾驶人注意前方道路或相交道路设有潮汐车道。一般设置在潮汐车道路段起终点、横向道路进入潮汐车道路段的交叉口前以及潮汐车道路段起点上游位置，设置位置如图5-52所示。

- **禁止左转标志**

禁止左转标志设置在潮汐车道所在进口道的适当位置，如图5-52所示。

- **车道信号灯**

车道信号灯用来指示潮汐车道对某个通行方向的开启或关闭，可仅设置在潮汐车道靠近停止线位置，用来提醒出口车辆可以驶入的车道。

- **隔离设施**

为明晰潮汐车道的行驶方向，宜设置隔离设施辅助引导车辆正确行驶。一般可人工摆放锥桶类的隔离设施，近年来，国内外开始使用自动障碍物移动车（潮汐车道"拉链车"）来自动摆放隔离设施，如图 5-54 所示。

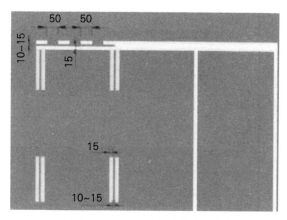

图 5-53　潮汐车道线和对应停止线示意图

图 5-54　潮汐车道"拉链车"示例

（2）设置可变导向车道

当交叉口左转车辆需求较大时，可在进口道设置可变导向车道，根据交通流量定时调整车道功能分布以满足交叉口交通流正常通行需求。设置可变车道的潮汐车道交叉口的标志标线设施设计如图 5-55 所示。

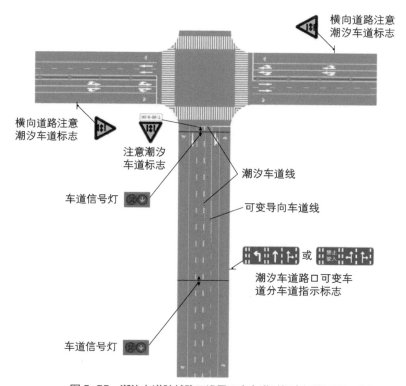

图 5-55　潮汐车道跨越路口设置可变车道时标志标线设置示意图

该交通组织方式除需要设置潮汐车道线、潮汐车道停止线、注意潮汐车道标志、车道信号灯等外，还需要增加如下设施：

- **可变导向车道线**

将与潮汐车道相邻的车道设置为可变车道，根据交通流需求动态调整进口道功能，可变导向车道内不应设置导向箭头。

- **可变车道分车道指示标志**

可变导向车道线应配合设置可变的车道行驶方向标志，通过标志版面信息及时告知驾驶人当前可变车道和潮汐车道的行驶方向，其指示信息如图 5-56 所示。标志内容可支持手动或定时切换、自适应切换等模式。

图 5-56　潮汐车道交叉口可变车道分车道指示标志示意图

5.11 » 交叉口限制转向设计

限制转向设计（转弯禁限）是常见的交通管理与组织优化手段之一。交叉口转弯禁限主要有禁止左转、禁止右转等形式，一般禁止右转与单行交通组织配套使用，禁止左转单独使用的情况较多，这里主要介绍的是交叉口禁左设计。

5.11.1　设置条件

在实际运行过程中对于交叉口转向车流的禁限，一般都有设置条件，这些条件是取得良好效果的前提，主要包括路网条件和交通流条件。

（1）路网条件

实施交叉口限制转向设计（通常是禁左设置），考虑的不仅是一个单独交叉口，而且需要整个路网系统的支持。禁止转向前需考察道路系统中相邻道路与交叉口的关系，确保被禁行车辆有路可行，且不会对路网其他道路通行产生不利影响。对于放射式路网和自由式路网，由于自身组织的独立性，不易组织禁限交通；对于棋盘式的方格网道路，各条道路的作用可以互补，适合在合适的节点进行禁限交通组织。

（2）交通流条件

交叉口禁左的主要目的是为了分离交通冲突，如果交叉口左转或者直行车流量很小，即交通车流流向比较单一，交通冲突较少，不建议采取禁止转向的交通组织方式。一般当左转交通达到一定的流量，但仍低于直行车流的情况下，禁止左转将明显改善交通秩序，应根据交通流量来设置全天禁左或者分时段禁左。

5.11.2 设置方法

（1）交通标志标线

常规的限制转向设置方法就是在交叉口相应位置设置禁止转向的交通标志（图 5-57），配合施划禁止转弯标线。

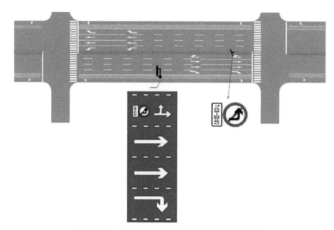

图 5-57 设置交通标志限制转向示意图

（2）物理渠化

典型的物理渠化方法主要有交叉口内中央分隔带设计和强制转向岛设计等。

● **交叉口内中央分隔带设计**

在交叉口设置中央分隔带（隔离栏或中央绿化隔离带），阻止与分隔带平行方向的机动车左转，阻止与中央分隔带相交方向的机动车直行和左转，以达到减少车流、提高道路交叉口安全性的目的，如图 5-58 和图 5-59 所示。

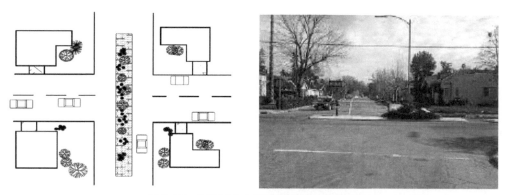

图 5-58 交叉口中央分隔带设置示意图（一）

也可通过施划交通标线或设置中央绿化隔离带的方式，仅允许主路方向的左转车流通行，相交方向禁止直行和左转，如图 5-60 所示。

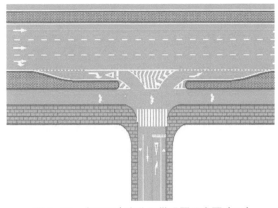

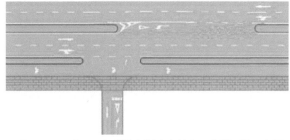

图 5-59 交叉口中央分隔带设置示意图（二）　　　　图 5-60 交叉口标线施划单向左转专用车道设置示意图

● **强制转向岛设计**

强制转向岛是指在交叉口处设置障碍岛，阻止机动车向某个方向行驶，以达到减少车流的目的，如图 5-61 所示。障碍岛的设置可以根据对机动车流向的限制要求而定。一般适用于支路与主路相交，且支路直行车流存在交通安全问题或主路车流左转存在安全隐患的交叉口。

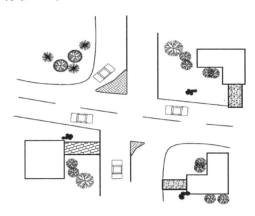

图 5-61 强制转向岛设置示意图

第6章 非机动车通行设计

Chapter Six

交叉口非机动车通行设计包括非机动车道设计、非机动车通行方式设计、非机动车等候区设计等。非机动车通行设计应同步考虑交叉口行人和机动车的通行。原则上，交叉口范围内机动车道与非机动车道应分道设置。

6.1 » 非机动车道设计

交叉口处非机动车交通与机动车交通进行空间上的分离，使非机动车与机动车分道行驶，减少机非交通流之间的冲突。交叉口处非机动车道设计要点如下：

1）交叉口非机动车进口道宽度不宜小于 2.5m，一般不宜低于路段非机动车道宽度。

2）路段上机非混行的道路，宜在交叉口进行机非进口道分离设计，以减少交叉口内交通流之间的冲突。

3）非机动车道进口道较宽的情况下，可划分非机动车进口道的车道功能，以分离不同流向的非机动车流，不应将非机动车道改建为机动车右转车道。

4）在路口空间满足的情况下，非机动车进口道宜与机动车进口道进行隔离。路段如果有机非隔离设施的，应延伸至交叉口。

6.2 » 非机动车通行方式设计

交叉口非机动车直行、右转应与本向机动车通行方式相同。依据交叉口条件不同，非机动车左转可采用以下两种方式：非机动车左转一次过街方式和非机动车左转二次过街方式。

6.2.1 非机动车左转一次过街设计

非机动车左转一次过街是指非机动车从本向进口道直接左转驶入相交道路，如图 6-1

所示。一般情况下，当交叉口有左转专用信号控制相位时，可采用非机动车一次过街的设计方式，其设计要点如下：

1）一般情况下，左转非机动车按照机动车左转信号行驶。有条件时，可同步设置非机动车左转信号灯。

2）在设计左转非机动车的通行路径时，应充分考虑与机动车左转轨迹的关系，确保交叉口内左转非机动车的通行空间（即对向左转机动车行驶轨迹外缘线之间的空间），其宽度不宜小于4m，极限情形下不得小于3.5m。

3）可采用施划地面图形标记、导向线、铺设彩色沥青等方式，标示出非机动车的通行路径，增强对左转非机动车的引导和保护。

6.2.2 非机动车左转二次过街设计

非机动车左转二次过街是指非机动车先直行、再左转，期间需要完成两次过街，如图6-2所示。当非机动车采用一次过街方式，非机动车的通行安全受机动车影响较大时，宜采用非机动车二次过街的方式。其设计要点如下：

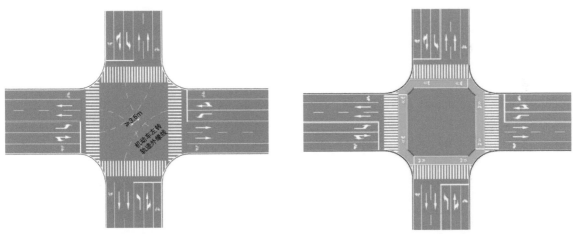

图6-1 非机动车一次过街设计示意图　　　图6-2 非机动车二次过街设计示意图

1）交叉口非机动车信号灯与行人信号灯相位相同。

2）交叉口内宜施划非机动车过街通道，其宽度不宜小于2.5m。

3）宜采用施划地面图形标记、铺设彩色沥青等方式，标示出非机动车的通行路径，增强对左转非机动车的引导和保护。

4）为了加强对左转非机动车二次过街的引导，交叉口可以设置如图6-3所示的告示牌以提醒非机动车驾驶人按照规则行驶。

6.3 》非机动车等候区设计

非机动车等候区用来满足红灯期间非机动车停留等待空间需求，满足非机动车左转待转、直行待行以及非机动车左转二次过街等候需求。

6.3.1 机动车停止线后退设计

当交叉口面积较小，非机动车流量大时，可将机动车停止线后退，原空间作为非机动车等候空间，如图6-4所示。其设计要点如下：

1）机动车停止线后退距离不宜超过6m，即小汽车的停车位长度，避免交叉口通行效率过分降低。

2）应设置独立的非机动车信号，较机动车信号采用早启早断的控制方式，防止非机动车与机动车通行的相互干扰。

3）宜采用地面图形标记、施划导向线、铺设彩色沥青等方式，明确非机动车等候空间。

6.3.2 非机动车道内开辟左转等候区

当非机动车道较宽、左转非机动车比例较高且采用非机动车左转一次过街方式时，可在非机动车道内设置单独左转等候区，如图 6-5 所示。其设计要点如下：

1）非机动车道宽度不宜低于 3.5m，左转等候区宽度不低于 2m，右转非机动车道宽度不低于 1.5m，以满足一辆非机动车正常右转。

2）宜采用地面图形标记、施划导向线、铺设彩色沥青等方式，增强非机动车左转的引导和保护。

图6-3 非机动车二次过街告示牌示例
注：图片来源于衡水市某交叉口实拍。

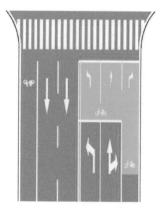

图6-4 机动车停止线后退设计示意图

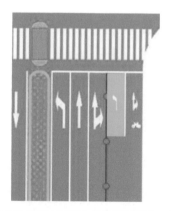

图6-5 非机动车道内开辟左转等候区设计示意图

6.3.3 左转二次过街等候区设计

当非机动车左转采用二次过街的方式时，应在交叉口内开辟单独的左转等候区，供非机动车停留等候。依据左转非机动车流量、右转机动车流量以及交叉口尺寸等因素，确定相应的等候区设计方式。

1）当左转非机动车二次等候，对右转的机动车影响比较小时，可在交叉口内施划二次过街等候线，为左转非机动车提供过街等候区（见图 6-6）。

2）当左转非机动车二次等候，对右转的机动车影响比较大时，可在交叉口内右转机动车行驶轨迹外缘线外设置非机动车二次过街等候区，同时设置阻车桩，避免右转机动车与等候的非机动车之间产生冲突（见图 6-7）。等候区应留足本向直行非机动车及相交道路右转非机动车通行需求空间。

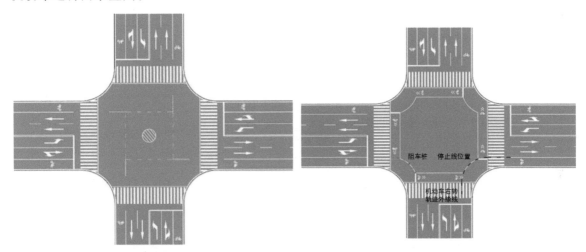

图 6-6 非机动车左转二次过街等候区设计示意图（一）　　图 6-7 非机动车左转二次过街等候区设计示意图（二）

6.3.4 机动车提前右转交叉口非机动车等候区设计

当交叉口面积较大且右转机动车提前分离设置，右转机动车与非机动车在交叉口内不再存在交通冲突，可以考虑在交叉口内设置较大面积的非机动车左转和直行等候区。依据左转非机动车流量、直行非机动车流量以及交叉口尺寸等因素，确定综合等候区空间（见图 6-8）。其设计要点如下：

1）非机动车综合等候区宽度不宜低于 5m，左转等候区宽度不低于 2m。

2）宜通过施划地面图形标记、铺设彩色沥青等方式，增强非机动车的引导和保护，明确非机动车的路权。

3）非机动车应先在停车等候区内等待放行。当采用先直行后左转的放行相位时，在相交方向的左转相位放行时,本进口的直行和左转非机动车均可进入相应待行区等待放行;当采用先左转后直行的放行相位时,在本进口方向左转相位放行时,本进口方向的直行非机动车可进入相应待行区等待放行。

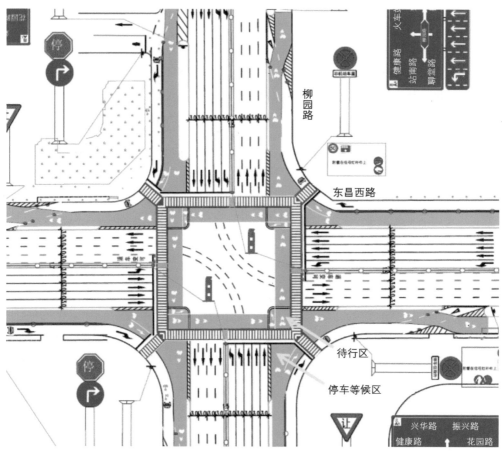

图6-8 非机动车综合等候区设计示意图

第7章 行人通行设计

Chapter Seven

交叉口行人的通行空间和安全性应当充分予以保障。本章主要介绍人行横道的设计方法，并围绕人行横道配套设置行人等候区、过街安全岛等设施，以保障行人安全、顺畅、舒适地通过交叉口。

7.1 » 人行横道设计

7.1.1 一般形式设计

行人穿越机动车道或非机动车道的地点均应设置人行横道。其中，人行横道设计要点如下：

1）交叉口处人行横道应平行于路缘石的延长线，并应后退 1~2m。路口停止线与人行横道的距离宜为 1~3m。

2）人行横道线为白色平行粗实线。一般情况下，人行横道的方向与道路中心线垂直；特殊情况下，与中心线夹角不宜小于 60°，条纹应与道路中心线平行。

3）人行横道的宽度应根据过街行人数量、人行横道通行能力、行人过街信号时间等确定。一般情况下，顺延干路的人行横道宽度不宜小于 5m，顺延支路的人行横道宽度不宜小于 3m，可以 1m 为单位增减。

7.1.2 特殊形式设计

当道路条件受限或有特殊需求时，可采取下列设置措施：

1）错位式人行横道（见图 7-1）：当行人过街安全岛面积不满足行人等候需求或在畸形交叉口处，人行横道可错位设置，增加行人驻足等候的空间、缩短过街时间。

图 7-1 错位式人行横道设置示例

2）斜穿式人行横道（见图 7-2）：在城市核心商业区或医院周边等重点地区，行人过街交通量较大且持续时段较长的信号灯控制路口，可采用行人对角线斜穿过街的交通组织方式。此时，必须配套设置斜穿的人行横道线和专用的行人信号相位。

3）行人左右分道的人行横道（见图 7-3）：在行人双向过街流量均较大的路口，可并列设置两条人行横道，使人行横道线虚实交错，并在两端设置方向箭头引导行人靠右过街。

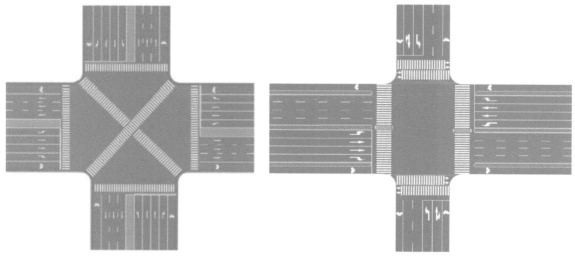

图 7-2　斜穿式人行横道设置示意图　　　　　图 7-3　行人左右分道的人行横道设置示意图

4）人行横道施划地面文字标记（见图 7-4）：可在人行横道起始端施划"向左看、向右看"路面文字标记，提示行人在穿越道路前观察自身左（右）侧道路来车情况，在确保安全的情况下通过路口。

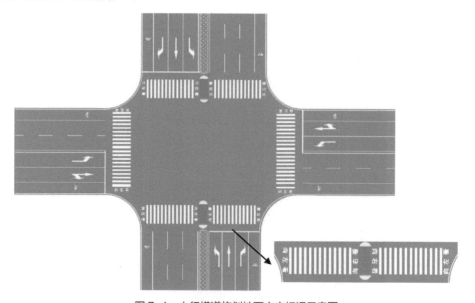

图 7-4　人行横道施划地面文字标记示意图

7.2 » 人行道过街等候区设计

通过路缘石外扩和路缘石半径缩小设计，以及人行道的无障碍坡道设计，可增加行人在路口驻足等候放行信号的空间，缩短行人过街距离，并保证视距空间，有效增强行人过街的便捷性和安全性。

7.2.1 路缘石外扩设计

路缘石外扩是指在交叉口处的路缘石向交叉口内拓宽，以增加行人等候驻足空间，如图 7-5 所示。路缘石外扩设计一般适用于两侧联系密切的生活性道路交叉口，应注意以下几点：

1）路缘石外扩空间不应挤占非机动车通行空间。

2）当道路设置路内停车位时，路缘石外扩应与停车位统一设计。此时，非机动车道应设置在停车位外侧。

3）路缘石外扩设计应保证右转机动车转弯需求。

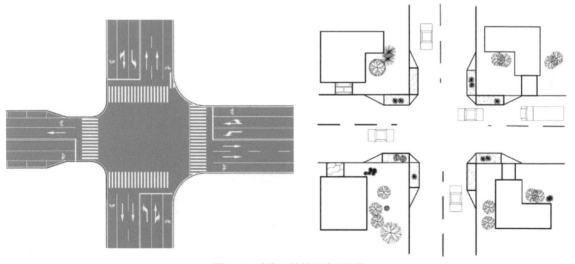

图 7-5 路缘石外扩设计示意图

7.2.2 路缘石半径缩小设计

交叉口转角路缘石半径是依据道路设计速度、右转车辆转弯设计速度、机非隔离带以及非机动车道宽度等因素综合确定的。典型交叉口各轨迹线之间的关系如图 7-6 所示。

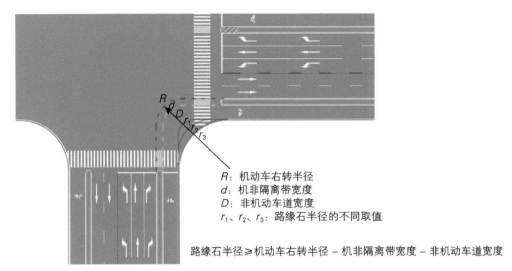

R：机动车右转半径
d：机非隔离带宽度
D：非机动车道宽度
r_1、r_2、r_3：路缘石半径的不同取值

路缘石半径≥机动车右转半径 – 机非隔离带宽度 – 非机动车道宽度

图7-6　典型交叉口各轨迹线之间的关系

　　城市道路改造过程中，路缘石应尽量采用小半径设计，其设计要点如下：

　　1）无右转渠化岛的交叉口机动车右转设计车速取20~25km/h。

　　2）现状路缘石半径大于10m的交叉口，优先考虑缩小路缘石半径，降低右转车速，减少右转车辆与过街行人和非机动车之间的冲突。

　　3）城市主干路上路缘石半径取8~10m，支路上路缘石半径取4~6m，次干路上路缘石半径介于二者之间。

　　4）重点地区道路改造时，可先通过地面标线、隔离栏划定机动车右转半径，待交通流稳定后进行路缘石统一改造。

　　路缘石半径缩小后，可在人行道无障碍坡道处通过施划文字或铺设彩色沥青的方式标示出行人等候区（见图7-7），引导行人在规定的区域内等候红灯。

图7-7　人行道行人等候区示例

7.3 》过街安全岛设计

当路面宽度大于 30m 或人行横道长度超过 16m 时（不包括非机动车道宽度），应在道路适当位置设置行人过街安全岛。当行人无法在一个绿灯信号内过街时，可在过街安全岛上做短暂停留，减少行人暴露在机动车流中的时间，降低发生事故的可能性。

7.3.1 过街安全岛空间设计

一般情况下，行人过街安全岛的实体宽度应为 1.5~2.0m，长度略大于人行横道宽度。在有非机动车同时横过道路的情况下，安全岛的宽度宜增大至 2.0~3.0m。

在道路改造过程中，可利用中央隔离带、机非分隔带，或压缩机动车进出口道宽度设置过街安全岛（见图 7-8）。

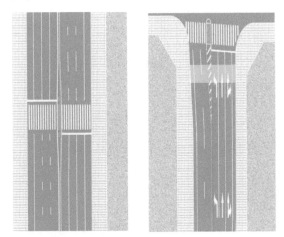

图 7-8　通过缩窄车道增设安全岛示意图

7.3.2 过街安全岛形式设计

根据过街行人流量、两侧人行道位置及道路条件等因素，过街安全岛大致可分为三种形式（见图 7-9），分别为垂直式、倾斜式和栏杆诱导式：

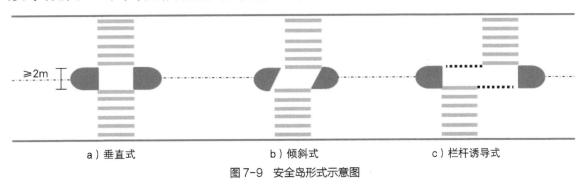

a）垂直式　　　　　b）倾斜式　　　　　c）栏杆诱导式

图 7-9　安全岛形式示意图

1）垂直式是过街距离最短，也是最便捷的一种方式。

2）倾斜式是在垂直式的基础上向机动车驶来方向倾斜，便于行人观察机动车来车动态，提升安全性。

3）栏杆诱导式进一步增加安全岛内的驻足空间，适用于过街行人较多、有非机动车同时过街、道路空间有限，且过街距离较长的情况，也便于行人观察机动车来车动态。

7.3.3 过街安全岛保护设施

在人行横道中央设置行人过街安全岛时应同时设置安全保护设施，其设置要求如下：

1）安全设施设置高度不应高于1.0m，以保证驾驶人的行车视距和行人的通行安全，且安全设施的设置不应影响左转车辆的正常行驶。

2）安全岛靠近交叉口一侧的岛端应设置防撞桶等具备防撞功能的安全设施（见图7-10），安全岛迎车面应粘贴反光立面标记或设置主动发光装置，并设置靠右行驶标志，以保证夜间车辆驾驶人能快速识别安全岛位置和车道行驶方向。

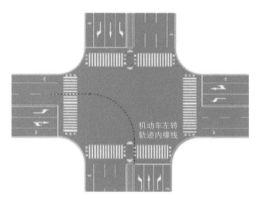

图 7-10　行人过街安全岛端头防撞岛设置示例

3）过街安全岛边缘应设置警示桩或隔离墩等阻车设施（见图7-11），一方面可防止机动车侵入掉头，另一方面可降低非机动车通行速度，防止非机动车快速通过时干扰行人正常通行。

图 7-11　过街安全岛设置阻车设施示例

7.4 » 无障碍设施设计

人行道在各种道路交叉口、地块出入口位置、人行横道两端必须设置无障碍坡道。依据道路条件，无障碍坡道分为单面坡坡道和三面坡坡道，其设计要点如下：

1）当无障碍坡道顺着人行道的方向布置时，全宽式单面坡坡道最为方便。坡道的宽度宜与人行道宽度保持一致。

2）三面坡最小宽度不宜小于 1.2m，单面坡最小宽度不宜小于 1.5m（见图 7-12）。

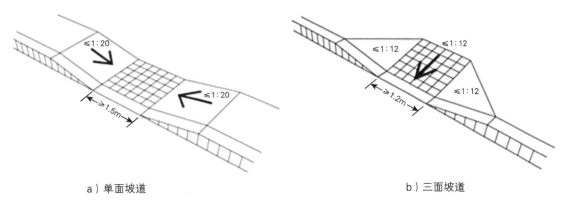

a）单面坡道

b）三面坡道

图 7-12　单面坡坡道和三面坡坡道设计参数

3）人行横道均需与无障碍坡道衔接（见图 7-13a）。

4）当交叉口缘石半径过小时，设置两处无障碍坡道可能会发生重叠，此时可设置一个大的三面坡缘石坡道，且上口宽度不宜小于 2.0m（见图 7-13b）。

a）每条人行道对应一个无障碍坡道

b）交叉口设置一个无障碍坡道

图 7-13　无障碍坡道形式示例

5）为防止机动车驶入人行道、降低非机动车驾驶人驶入人行道的意愿，无障碍坡道应设置阻车桩，阻车桩间距不小于 1.2m，以满足轮椅通行需求。

为保证行人通行的舒适性，安全岛的行人通行区域应与路面无高差，并满足无障碍通行的需求，如图 7-14 所示。

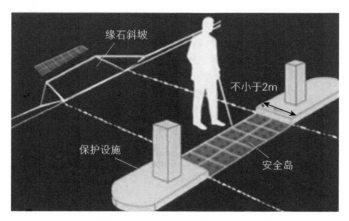

图 7-14　过街安全岛无障碍设施设计示意图

7.5 » 行人通行品质提升设计

对于过街安全和设施品质要求较高的地区，如学校、医院、幼儿园、养老院等大型公建周边，可通过交叉口抬起设计、路缘石外扩设计、车速控制设计等交通设计手段进行行人通行品质的提升。

7.5.1　交叉口抬起设计

交叉口抬起是指在交叉口空间范围内，将交叉口路面标高抬高至与人行道齐平高度，达到降低车辆通过交叉口的速度、提高行人通过交叉口安全性和舒适性的目的（见图 7-15）。其设计要点如下：

1）交叉口内地面标高与路缘石等高，满足婴儿车、轮椅等出行需求。

2）人行道两端设置提示盲道等无障碍设施及阻车桩等辅助设施。

3）交叉口内宜采用特殊铺装形式，便于机动车驾驶人识别。

4）交叉口进口道应设置相应的交通标志，提醒驾驶人注意安全驾驶。

图 7-15　交叉口抬起示例

7.5.2 车速控制设计

为提高交叉口处行人通行的安全性，可在交叉口进口道设置彩色路面、车道宽度压缩标线、黑白路面铺装、路面凸起标识等，提醒驾驶人注意前方行人通行（见图 7-16）。

a）彩色路面

b）车道宽度压缩标线

c）黑白路面铺装

d）路面凸起标识

图 7-16　车速控制措施示例

第8章 交通管理设施设计

Chapter Eight

交通管理设施是交警部门用于交通管理与控制的主要设施，也是交叉口渠化设计方案得以落地实施的必要载体。一般而言，平面交叉口的交通管理设施主要由道路信息指引类设施、车道变化指引类设施、禁令类设施和交通信号灯等设施所组成。交通管理设施的设置除必须符合相关规范标准、体现规范化之外，还应根据交通管控的实际需要进行科学、合理、精细的设置。鉴于此，本章重点阐述交叉口渠化设计相关的主要交通标志、标线和信号灯设置的基本要求与方法。

8.1 » 交通管理设施设置要点

按照相关国家标准要求及实际运行、管理需要，城市道路交叉口应合理配备指路标志、车道行驶方向标志（交叉口进口道 3 车道及以上的）及交通科技管理设施。根据交叉口控制形式不同，交通管理设施的配置要求应符合表 8-1 的规定。

表 8-1　交叉口交通管理设施的配置要求

控制形式	指路标志	车道行驶方向标志	电子警察	监控	卡口[1]
信号控制	必	必[2]	必	必	选
非信号控制	必	选	选	必[3]	选
环岛	必	选	选	必[3]	选

[1] 交叉口卡口系统一般由电子警察系统替代，若存在某一方向的车种限行管制，可在该方向的出口道增设卡口系统。

[2] 交叉口进口道 3 车道，且车道功能为"左、直、右"常规设置时，可不设车道行驶方向标志。

[3] 除支路与支路相交的非信号控制交叉口可选配外，其余非信号控制交叉口也应实现监控全覆盖。

8.2 » 道路信息指引

道路信息指引系统是为交通参与者提供所在地的位置、所在道路、所行驶方向、确认所选择方向是否正确、前方到达的重要道路或区域、目的地周边道路等有关的信息。交叉口的道路信息指引多是通过设置指路标志的方式实现，在一些特殊情形下，还需通过设置路面文字标记进行指引。

8.2.1 指路标志系统

8.2.1.1 系统构成

指路标志系统由交叉口预告标志、交叉口告知标志和确认标志三类标志构成。

（1）交叉口预告标志

当两交叉口相距较远时，可以根据道路情况，考虑设置交叉口预告标志（见图 8-1）。该标志主要是向驾驶人预告前方交叉口形式、交叉道路名称、通往方向、地理方向、距前方交叉口距离等有关信息。

在城市道路中一般不设置该标志，但当两个路口距离较远或视距受限不易发现的路口时可以考虑设置。

（2）交叉口告知标志

用于告知前方交叉口形式、交叉道路的名称、通往方向信息、地理方向信息等。以十字路口为例，标志的样式如图 8-2 所示。

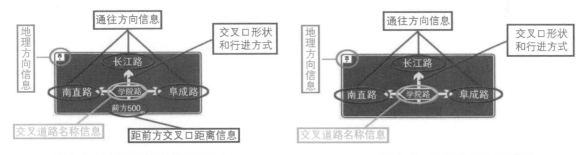

图 8-1 交叉口预告标志设置示意图　　　　　　图 8-2 交叉口告知标志示意图

对于一些小型路口或支路，可采用图 8-3 所示的简化样式的告知标志。

（3）确认标志

用以确认当前所行驶的道路及前方通往方向信息，对于城市道路，主要的确认标志的类别有以下两种类型：

1）路名牌标志（见图 8-4）：指示城市道路名称、地理方向、道路沿线门牌号码，设在城市道路街角处，一般设置在人行道边，版面与行车方向平行。

2）街道名称标志（见图8-5）：指示当前街道名称，设在道路交叉口后临近交叉口处。标志版面正对行车方向，文字按照从上到下、自左向右顺序排列。

图 8-3　简化样式告知标志示意图　　　图 8-4　路名牌标志示意图　　　图 8-5　街道名称标志示意图

8.2.1.2　标志选用

由于城市道路的路口间距较小，指路标志系统在设置时，以上三种标志需要根据路口间距和相交道路等级进行有选择的设置，一般遵循以下原则：

（1）主干路与主干路、主干路与次干路、次干路与次干路相交的路口

主干路方向应设置告知标志、街道名称标志和路名牌标志，次干路方向应设置告知标志、路名牌标志，其他类型的指路标志依据道路等级和交叉口实际情况选设。具体设置方式见表8-2。

表 8-2　标志类型配置表

道路类型	标志	设置要求
主干路方向	预告标志	依据情况选设
	告知标志	应设
	街道名称标志	应设
	路名牌标志	应设
次干路方向	预告标志	依据情况选设
	告知标志	应设
	街道名称标志	依据情况选设
	路名牌标志	应设

（2）主干路与支路相交、次干路与支路、支路与支路相交的路口

若交叉口为信号控制路口，则主干路、次干路的标志类型遵循表8-2的原则设置，支路方向仅设置告知标志和路名牌标志。

若交叉口为非灯控路口，则路口各进口道方向设置告知标志即可，其样式可采用简化样式的告知标志。

8.2.1.3 信息选取

城市内的交通信息类型较多、信息量大，一个标志牌中不可能反映所有的信息。因此需要对信息进行分类、分级，并根据相交道路的等级和道路功能进行有侧重的选取。信息的划分及信息的选取分别见表 8-3 和表 8-4。

表 8-3 城市道路交通信息分层表

信息类型	A 层信息	B 层信息	C 层信息
路线名称信息	高速公路、国道、快速路	省道、主干路	次干路、支路
地区名称信息	重要地区含城市中心区、市政府、大学城区、大型商业区、城市休闲娱乐中心区、著名地区等	主要地区含大学、重要商业区、大型文化广场、中型商业区、主要生活居住区等	一般地区含重要街道、一般生活居住区等
交通枢纽信息	飞机场、特等或一等火车站	二等或三等火车站、长途汽车总站、轮渡码头、大型环岛、大型立交桥、特大桥梁	重要路口
文体、旅游信息	国家级旅游景区、自然保护区、大型文体设施	省市级旅游景点、自然保护区、博物馆、文体场馆	县（区）级旅游景点、博物馆、纪念馆、文体中心
重要地物信息	国家级产业基地、大型城市标志性建筑	省、市级产业基地、市级文体场馆、科技园	县（区）级产业基地和企业、县文化中心

表 8-4 信息要素选择配置表

道路等级	主线道路	相交道路		
		主干路	次干路	支路
主干路	（A层）、B层、C层	（A层）、B层、C层	（A层）、B层、C层	（B层）、C层
次干路	（A层）、B层、C层	（A层）、B层、C层	（A层）、B层、C层	（B层）、C层
支路	（B层）、C层	（A层）、B层、C层	（A层）、B层、C层	（B层）、C层

8.2.1.4 标志设置

指路标志设置的确定需要考虑三个因素：一是标志是否被遮挡；二是标志是否遮挡其他设施；三是是否能满足驾驶人的视认性。一般情况下，各类型指路标志设置位置如图 8-6 所示。

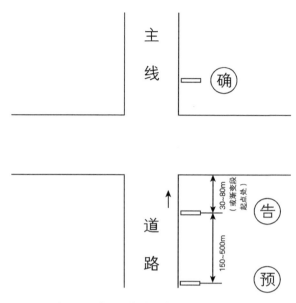

图8-6 交叉口指路标志设置位置示意图

1）预告标志：一般设置在离告知标志150~500m的位置。

2）告知标志：一般设置在离路口停止线60~80m处，也可设置在路口渐变段起点处，如图8-7所示。若路口为单车道不设车道行驶方向标志的，位置可缩短至30m左右，如图8-8所示。

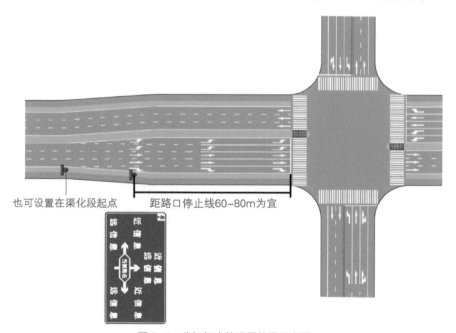

图8-7 告知标志的设置位置示意图

若在路口的进口道内有其他道路或出入口接入时候，为避免标志信息指示发生误解，可缩短告知标志与停止线的距离，但一般不少于50m，如图8-9所示。

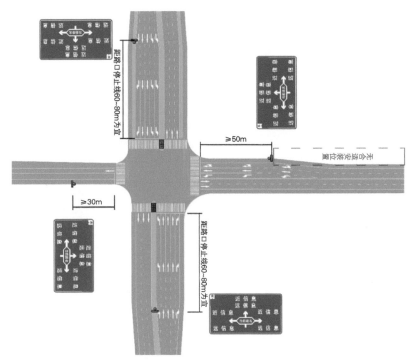

图 8-8　告知标志的设置示意图

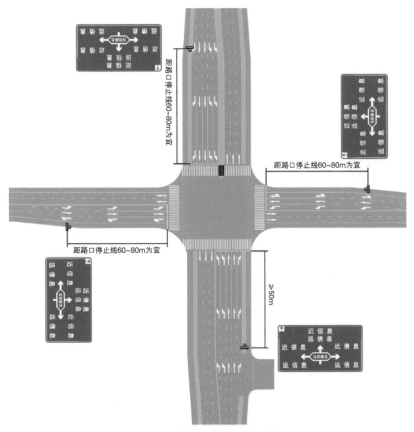

图 8-9　告知标志的设置示意图

3）确认标志：应根据确认标志选用的类型确定其设置位置。路名牌标志一般设置在交叉口街角处的人行道边；街道名称标志设置在出口道，一般可设置在信号灯杆上（见图 8-10）。

图 8-10　街道名称标志的设置位置示例

8.2.2　路面文字标记

畸形或多路交叉的路口或出口方向通往多个目的地时，由于指路标志无法全面进行告知，可采用路面文字标记辅助进行预告，防止驾驶人在进、出口道因犹豫、滞留、频繁变道而影响交叉口的通行效率和安全性。

8.2.2.1　设置方式

采用路面文字标记时，一般在进口道的导向车道内施划路面文字标记，也可在出口车道内根据情况增设路面文字标记。

路面文字标记一般与导向箭头配合使用，设置在导向箭头后，并配合车道行驶方向标志使用。路面文字标记的重复次数一般与导向箭头组数保持一致，但不宜少于 2 次，如图 8-11 所示。

8.2.2.2　路面文字标记排列方式及尺寸

文字类型的路面文字标记排列方式，除快速路外，其他等级道路沿行车方向按照从远到近的顺序排列。排列方式如图 8-12 所示。

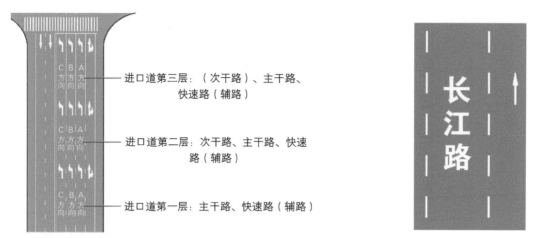

图 8-11 路面文字标记的设置位置示意图　　　　图 8-12 其他等级道路路面文字标记排列方式示意图

路面文字标记的字体规格见表 8-5。

表 8-5　路面文字标记的字体规格

限制车速 /(km/h)	字高 /cm	字宽 /cm	纵向间距 /cm
100	450~600	150~200	300~400
50、60、80	300~400	100~150	150~200
20、30、40	150~200	50~70	100~150

8.3 》车道变化指引

车道变化指引是指因交叉口渠化、车道限行车种变化等因素引起车道功能变化，需要设置相关标志告知驾驶人相应信息。

8.3.1　车道行驶方向指引

8.3.1.1　适用情形

一般情况下，交叉口进口道渠化车道数 ≥ 4 个时，应设置车道行驶方向标志，但当进口道为 3 个车道，且进口道功能不是常规的"左、直、右"设置时，也应当设置车道行驶方向标志。其中进口道车道数在 3~5 个时（同一板块），车道行驶方向标志宜合并设置；若进口道车道数 ≥ 6 个时，宜分列设置，并对应各个车道，具体设置见表 8-6。

表 8-6　车道行驶方向标志的设置

进口道车道数 / 个	设置形式	安装方式
3~5	并版式	悬臂式
6 及以上	分列式	门架式

8.3.1.2 设置位置

车道行驶方向标志宜在路口导向线的起点（第二组导向箭头）附近，距离路口停止线25~35m 为宜，如图 8-13 所示。车道行驶方向标志设置应考虑集约型原则，可与指路标志合并或共杆设置，也可与电警设备共杆设置。

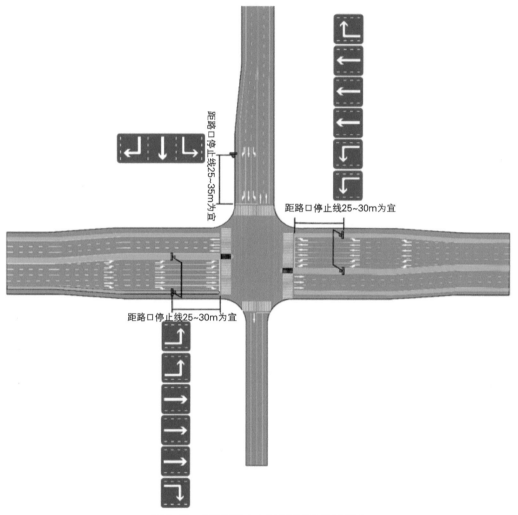

图 8-13 车道行驶方向标志设置位置示意图

8.3.2 右转指引

8.3.2.1 适用情形

交叉口进口道设置有较小的右转渠化岛时，应提前设置右转指引标志。右转指引标志可用车道行驶方向标志替代，并在车道指引方向标志中增加对应的渠化岛元素。

交叉口进口道设置有较长的右转渠化岛时，宜在渠化岛起点位置补充设置右转指引标志及标线，并视道路等级重复 1~3 次。车道行驶方向标志的设置见表 8-7。

表 8-7　车道行驶方向标志的设置

道路等级	重复次数 / 次	设置间距 /m
快速路（辅道）	3	80~100
主干路	2 或 3	60~80
次干路	1	—
支路	1	—

8.3.2.2　设置位置

1）当设置有较小渠化岛，且端头间距与路口停止线距离在 20m 以上的，右转指引标志需单独设置在渠化岛端头，也可合并至车道行驶方向标志中，并重复 1~2 次（见图 8-14 和图 8-15）。

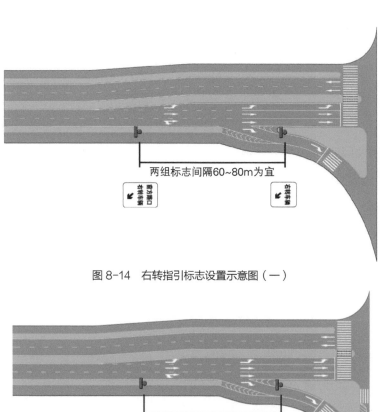

图 8-14　右转指引标志设置示意图（一）

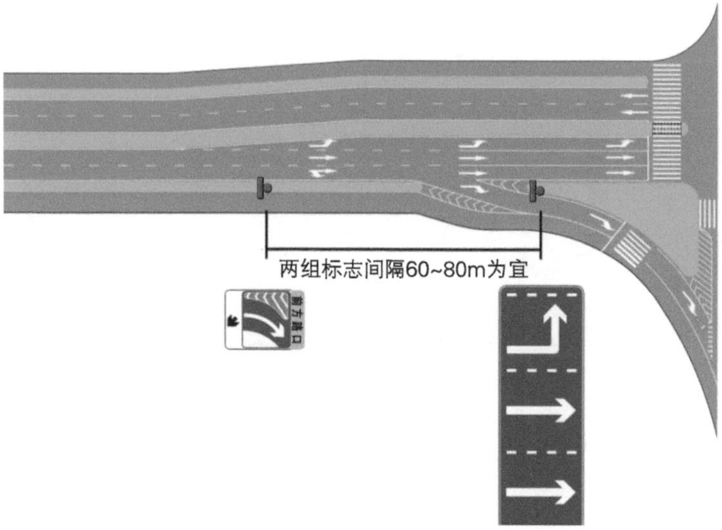

图 8-15　右转指引标志设置示意图（二）

2）当设置有较长渠化岛，需要重复设置右转指引标志的，第一组标志应设置在右转渠化岛起点的分流鼻处，然后依次重复，每组之间间距按道路等级或设计车速调整（见图8-16）。

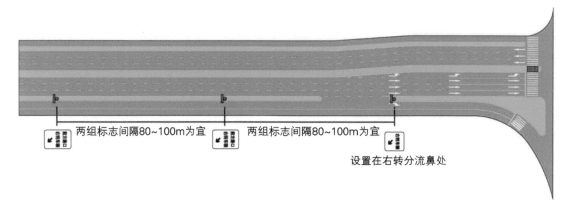

图 8-16　右转指引标志设置示意图（三）

8.3.3　允许掉头指引

交叉口进口道允许掉头的，应在交叉口适当位置设置允许掉头标志，不同交叉口允许掉头标志的设置位置。

1）当交叉口进口道仅一个左转车道，且允许车辆越过停止线掉头时，可不设允许掉头标志标线。当交叉口进口道设置有2个及以上左转车道，仅允许车辆利用最内侧左转车道掉头，应在最内侧左转车道设置允许掉头标志标线，其他左转车道禁止掉头，如图8-17所示。

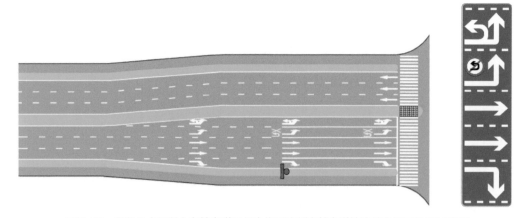

图 8-17　设置 2 个及以上左转车道且仅允许最内侧左转车道掉头的交叉口设置示意图

2）当交叉口禁止左转但允许车辆掉头时，应设置允许掉头标志标线，如图 8-18 和图 8-19 所示。

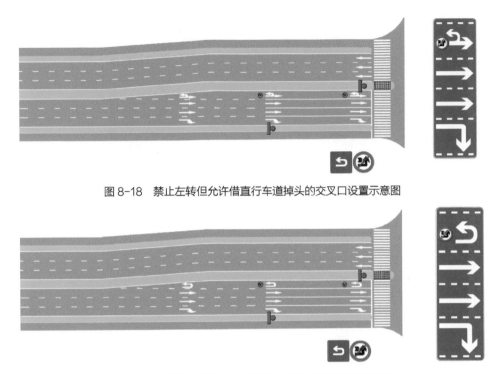

图 8-18 禁止左转但允许借直行车道掉头的交叉口设置示意图

图 8-19 禁止左转但有专用掉头车道的交叉口设置示意图

3）当交叉口"左转及掉头车道外置"时，需要提前并重复设置车道分向行驶标志，提前告知驾驶人车道分布情况，如图 8-20 所示。

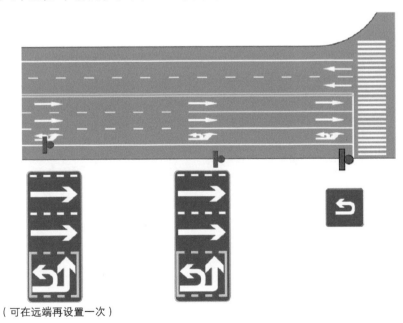

（可在远端再设置一次）

图 8-20 掉头车道外置的交叉口设置示意图

4）当车辆在路口前完成掉头时，允许掉头标志设置如图 8-21~图 8-23 所示。

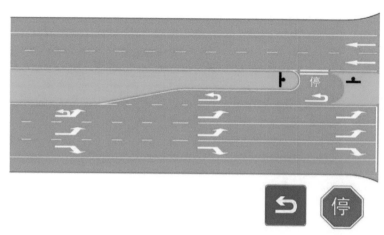

图 8-21　压缩中央隔离带宽度设置掉头车道的交叉口设置示意图

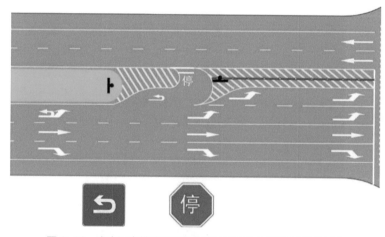

图 8-22　中央隔离带结束且掉头不过路口的交叉口设置示意图

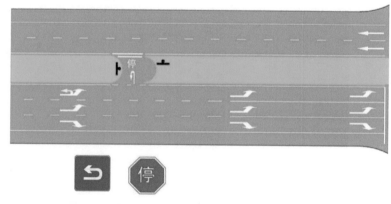

图 8-23　掉头开口距离停止线较远的交叉口设置示意图

8.3.4　禁左、禁右标志套用设置

8.3.4.1　适用情形

当交叉口采用禁左、禁右的交通管理措施时，为提高驾驶人的视认性，可在指路标志

或车道行驶方向标志版面上套用禁左、禁右标志，其大小应小于主要指示内容，并不影响主体标志的整体版面布局。

8.3.4.2 设置位置

套用在交叉口指路标志内的禁左、禁右标志可设置在指路标志版面的路口形式单元内；套用在交叉口车道行驶方向标志内的禁左、禁右标志应设置在常规左转或右转方向指示单元所在位置，如图 8-24 和图 8-25 所示。

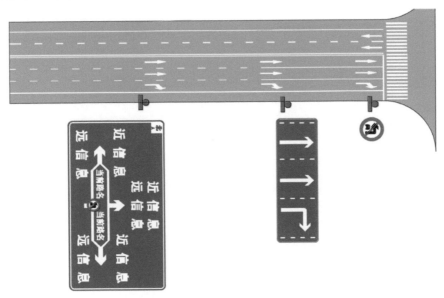

图 8-24　禁左标志套用设置示意图

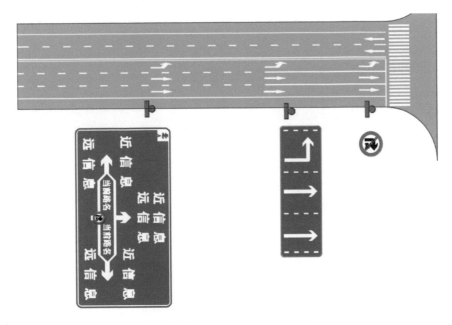

图 8-25　禁右标志套用设置示意图

8.3.5 公交专用车道指引

8.3.5.1 适用情形

设置公交专用车道的交叉口应在公交专用车道起点设置公交专用车道标志。

8.3.5.2 设置位置

公交专用车道标志宜设置在公交专用车道正上方，尽量保证标志板的中心线与车道中心线对齐（见图 8-26）。若标志杆设置位置受限，可采用独立立杆方式设置在公交专用车道侧方位置。交叉口出口道位置的公交专用车道标志宜与信号灯共杆，安装于信号灯杆横臂上。若右转车辆借公交专用车道通行，则交叉口示意图如图 8-27 所示。

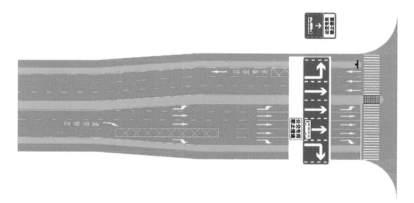

图 8-26 公交专用车道单独设置的交叉口示意图

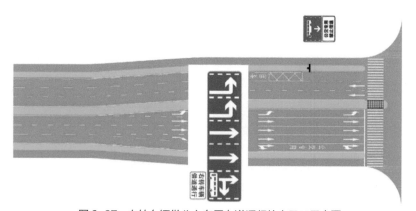

图 8-27 右转车辆借公交专用车道通行的交叉口示意图

8.3.5.3 起点设置方式

公交专用车道起点一般设置在交叉口的出口道处，为满足公交车辆和社会车辆的变道要求，在道路空间允许的情况下，公交专用车道起点应与出口道起点保持一定的距离（详见本手册 5.8.2 节），然后再开始施划交织段。因此，公交专用车道起点位置可采用网状线填充，网状线长度以 40m 为宜（见图 8-28）。此外，为体现交通设施的人性化关怀，公交专用车道的起点位置均可采用该种方式设置。

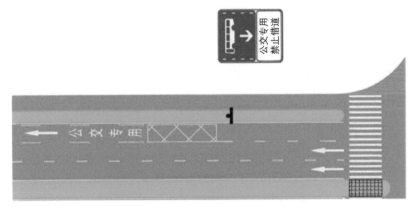

图 8-28　公交专用车道起点位置示意图

8.3.6　可变导向车道指引

8.3.6.1　适用情形

交叉口设置可变导向车道时应设置可变导向车道标志，并配套设置可变车道标线。可变导向车道标志可采用 LED 显示或机械翻转的形式等方式，在设置条件允许时，应尽量使用能实时显示当前车道行驶方向的 LED 显示可变导向车道标志。

8.3.6.2　设置位置

交叉口可变导向车道标志一般采用悬臂杆安装在交叉口车道行驶方向标志位置，但应确保可变导向车道标志与可变车道空间位置对应；或采用门架式安装在交叉口车道行驶方向标志位置，并分列各个车道行驶方向标志，使其与车道一一对应（见图 8-29）。可变导向车道设置的相关要求如下：

1）在交叉口进口道应设置可变导向车道线，用于指示导向方向随需要可变的导向车道的位置，可变导向车道标线应符合国家标准《道路交通标志和标线　第 3 部分：道路交通标线》（GB 5768.3—2009）的要求。

2）在进口道渐变段与导向车道衔接处，应设置可变导向车道指示标志，可采用 LED 显示屏或机械翻转等形式，用于指示车道的行驶方向。

3）在进口道渐变段起点以外、指路标志

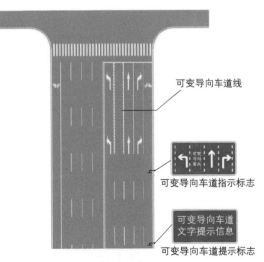

图 8-29　可变导向车道标线及指示标志示意图

以内车道，宜设置提醒前方为可变导向车道的标志或路面文字标记，用于提醒、警示即将驶入交叉口的车辆。

4）可变导向车道停止线前方不应设置待转区。

8.4 » 禁令信息指引

当交叉口存在交通管制，需要明确优先通行权限、限制车辆行驶路径状况时，需要设置配套的禁令标志，当与其他标志共杆使用时，禁令标志应在最左侧（上方）位置。

8.4.1 禁止驶入标志

8.4.1.1 适用情形

当路段为单行交通组织（全时段或限制时段）、限制某车种驶入出口道时，应设置禁止驶入标志。

8.4.1.2 设置位置

禁止驶入标志一般与信号灯共杆设置，交叉口其他进口道应配套设置禁左、禁右、禁止直行标志，如图 8-30 所示。

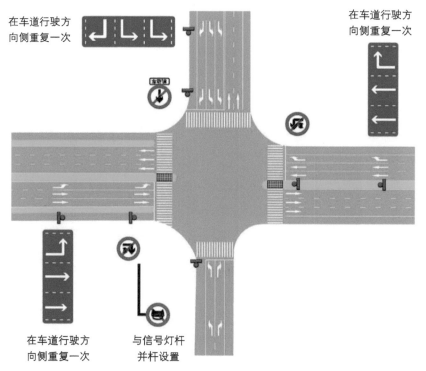

图 8-30　禁止驶入标志的设置位置示意图

8.4.2　减速让行、停车让行标志

当需要明确道路主次等级，优先主路的通行权限时，需在次级道路设置减速让行或停车让行标志及标线。一般情况下，减速让行及停车让行标志、标线应配合使用。

8.4.2.1　适用情形

（1）停车让行标志

停车让行标志适用于未达到信号灯控制条件的支路与主次干路、支路与支路相交路口，城市道路与过境公路相交以及需要进行冲突控制的路口。当路口在一天中任何 8h 之内，交通流量达到以下条件时可采用停车让行标志：

1）从主路双方向进入交叉口的平均车流量超过 300 辆 /h，并且从支路双方向进入交叉口的车辆、行人、非机动车等平均流量，在相同时段内超过 200 辆 /h。

2）从主路双方向进入交叉口的平均车流量超过 300 辆 /h，并且一天的高峰时间段内，造成支路车辆平均延误至少为 30s。

3）交通流量未达到上述两条的要求，但主路车辆进入交叉口的 85% 位（V85）车速大于 65km/h，且平均流量大于 200 辆 /h。

4）未达到信号灯设置要求，但是相关数据同时达到条件上述条件的 80%。

（2）减速让行标志

减速让行标志适用于以下情形：

1）达到停车让行条件，但是视距良好，道路使用者能够清楚观察到可能存在的交通冲突，可以从容地采用有效措施进行避让时。

2）环岛交叉口的所有入口。

3）右转渠化车道与主线道路汇流位置。《道路交通安全法》第四十七条规定：机动车行经人行横道时，应当减速行驶；遇行人正在通过人行横道，应当停车让行。右转渠化车道区域宜采用停止线，机动车行经区域时，必须停车让行行人和非机动车，如图 8-31 所示。

8.4.2.2　设置位置

减速、停车让行标志、标线的设置位置应在人行横道线后 1~3m 的位置，在条件允许的情况下，应尽量保证 3m 的间隔，如图 8-32 所示。

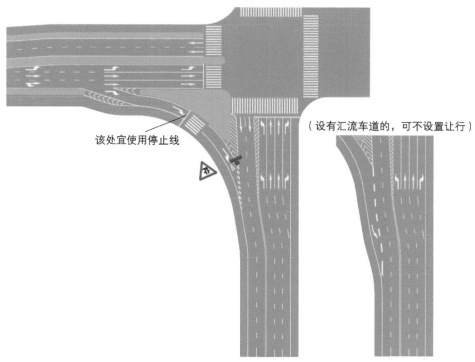

图 8-31　右转渠化车道区域的让行标志标线设置示意图

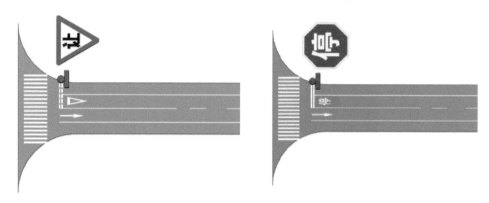

图 8-32　减速让行、停车让行标志的设置位置示意图

8.5 » 交通信号灯设置

8.5.1　适用情形

设置交通信号灯时，主要考虑交叉口相交道路类型、交通流量、交通事故情况及道路交通组织措施等相关因素。信号灯的设置应符合国家标准《道路交通信号灯设置与安装规范》（GB 14886—2016）的规定。

交通信号灯的设置主要应根据相交道路的道路等级，判断交叉口是否应当设置信号灯。对于城市道路来说，主干路与主干路、次干路相交，次干路与次干路相交时，一般应设置信号灯进行交通信号控制；主干路、次干路与支路相交时，一般应设置交通标志、标线进行右进右出控制或让行控制等方式。但是，如果新建交叉口达到道路类型条件，而不满足交通流量条件时，设置的交通信号灯可以不开启。

已建或改建道路的交叉口应根据历年交通流量、交通事故和交通组织措施等条件判断是否需要设置交通信号灯。若原交叉口已设置信号灯的，改建道路也应设置信号灯。

8.5.2 交通信号灯的灯具组合

根据信号灯控制交叉口的不同类型确定应选择的信号灯灯具类型，按照使用频率，信号灯灯具组合主要有以下 3 种形式。

8.5.2.1 灯具组合一：用于指示机动车通行的信号灯和人行横道信号灯

用于指示机动车通行的信号灯和人行横道信号灯同时设置是最常见的信号灯灯具组合方式，可适用于大部分无特殊交通管理措施且设置有人行横道的交叉口和路段。当信号交叉口设置有人行横道时，应同时设置人行横道信号灯（见图 8-33）。

其中，用于指示机动车通行的信号灯是指机动车信号灯和方向指示信号灯。

8.5.2.2 灯具组合二：用于指示机动车通行的信号灯

当交叉口设置有人行天桥或人行地下通道等行人过街设施，并且没有设置人行

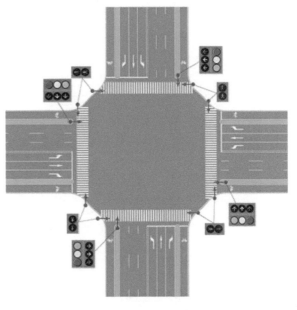

图 8-33　交通信号灯灯具组合一示意

横道时，仅需要设置机动车信号灯和方向指示信号灯（见图 8-34）。

8.5.2.3 灯具组合三：同时设置用于指示机动车通行的信号灯、人行横道信号灯和非机动车信号灯

当交叉口设置的信号灯组合形式为组合形式三时，可以保证各类型交通流之间不冲突。该组合优先选用左转方向指示信号灯、机动车信号灯、右转方向指示信号灯的组合方式，仅在需 24h 分相位控制各方向车流时采用左转方向指示信号灯、直行方向指示信号灯、右转方向指示信号灯的组合方式。其中右转方向指示信号灯一般仅亮红灯和黄灯显示单元，以使非机动车及行人有优先通行权（见图 8-35）。

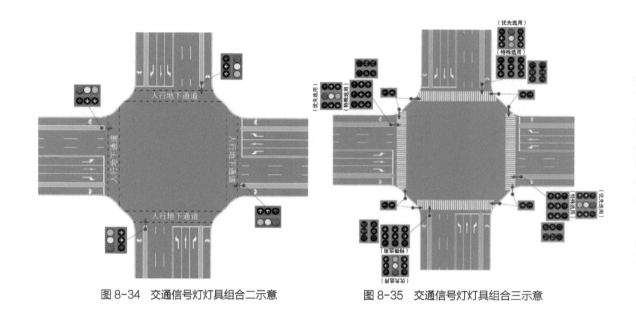

图 8-34　交通信号灯灯具组合二示意　　　　图 8-35　交通信号灯灯具组合三示意

8.5.3　交通信号灯的数量和安装位置

信号灯组的设置数量应当在合理范围内，如果信号灯组设置数量过少，则会影响驾驶人辨识，存在交通事故隐患；如果信号灯组设置数量过多，则会导致信息量过载，造成资源浪费。信号灯采用悬臂式安装或者柱式安装时，信号灯可以安装在交叉口的出口左侧、出口上方、出口右侧、进口左侧、进口上方和进口右侧位置。一般情况下，如果只需要设置 1 个信号灯组合时，必须安装在出口处，通常为出口右侧位置。

信号灯组的设置数量和安装位置主要根据交叉口的进口道路段的车道数量、路段限速值、进口道停止线与信号灯之间的距离以及交叉口横断面布置形式来确定。

8.5.3.1　无机非分隔带的交叉口

（1）未设置中央分隔带

1）对于无机非分隔带和中央分隔带的交叉口，如果仅设置 1 个信号灯组合时，则应安装在出口路缘切点附近，如图 8-36 所示的 1 号位置。

2）如果进口道对应路段为双向四车道及以上时，则需要根据需要增设 1 个信号灯组合，应当安装在对向进口道右侧人行道上，如图 8-36 所示的 2 号位置。

3）如果进口道路段的限速在 60km/h 以上或停止线与出口处信号灯的距离大于 50m 时，则应当至少增设 2 个信号灯组合；若仍不能保证信号灯的视认范围，则可以考虑增设 3 个信号灯组合，分别安装在进口道右侧或左侧，如图 8-36 所示的 3、4 号位置。

（2）设置有中央分隔带

1）对于设置有中央分隔带的交叉口，如果仅设置 1 个信号灯组合时，则应安装在出口路缘切点附近，如图 8-37 所示的 1 号位置。

2）如果进口道对应路段为双向四车道及以上时，则需要根据需要增设 1 个信号灯组合，应当安装在对向中央分隔带上，如图 8-37 所示的 2 号位置。

3）如果进口道路段的限速在 60km/h 以上或停止线与出口处信号灯的距离大于 50m 时，则应当至少增设 2 个信号灯组合；若仍不能保证信号灯的视认范围，则可以考虑增设 3 个信号灯组合，分别安装在进口道右侧或本方向中央分隔带处，如图 8-37 所示的 3、4 号位置。

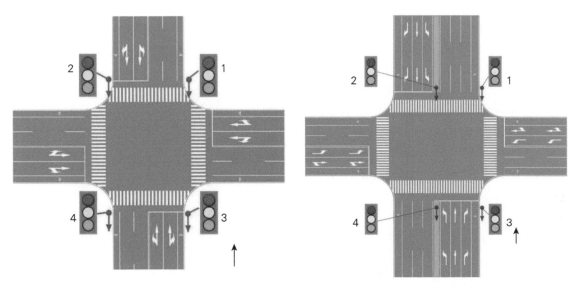

图 8-36　无分隔带交叉口信号灯设置示意图　　图 8-37　仅设置中央分隔带交叉口信号灯设置示意图

8.5.3.2　有机非分隔带交叉口

（1）未设置中央分隔带

1）对于仅设置机非分隔带的交叉口，如果设置 1 个信号灯组合时，则一般应该设置在出口机非隔离带缘头切点向后 2m 以内，如图 8-38 所示的 1 号位置；如果机非隔离带宽度较窄，则可以设置在道路右侧的人行道上。

2）如果进口道对应路段为双向四车道及以上时，则应当增设 1 个信号灯组合，安装在对向进口道右侧的机非分隔带上，如图 8-38 所示的 2 号位置。

3）如果进口道路段的限速在 60km/h 以上或停止线与出口处信号灯的距离大于 50m 时，则应当至少增设 2 个信号灯组合；若仍不能保证信号灯的视认范围，则可以考虑增设 3 个信号灯组合，分别安装在进口道右侧或左侧机非分隔带上，如图 8-38 所示的 3、4 号位置。

（2）设置有中央分隔带

1）对于同时设置机非分隔带和中央分隔带的交叉口，如果设置 1 个信号灯组合时，则一般应该设置在出口机非隔离带缘头切点向后 2m 以内，如图 8-39 所示的 1 号位置；如果机非隔离带宽度较窄，则可以设置在道路右侧的人行道上。

2）如果进口道对应路段为双向四车道及以上时，则应当增设 1 个信号灯组合，安装在对向中央分隔带上，如图 8-39 所示的 2 号位置。

3）如果进口道路段的限速在 60km/h 以上或停止线与出口处信号灯的距离大于 50m 时，则应当至少增设 2 个信号灯组合；若仍不能保证信号灯的视认范围，则可以考虑增设 3 个信号灯组合，分别安装在进口道右侧机非分隔带或左侧中央分隔带上，如图 8-39 所示的 3、4 号位置。

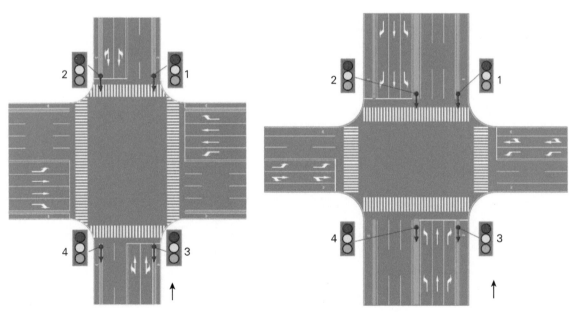

图 8-38 仅设置机非分隔带交叉口信号灯设置示意图 　　图 8-39 同时设置机非和中央分隔带的交叉口信号灯设置示意图

8.5.3.3 T 形交叉口

T 形交叉口垂直方向的信号灯应当设置在进口道正对路缘后 2m 以内，如图 8-40 所示，其他方向设置的信号灯可以参考十字交叉口的设置方法。

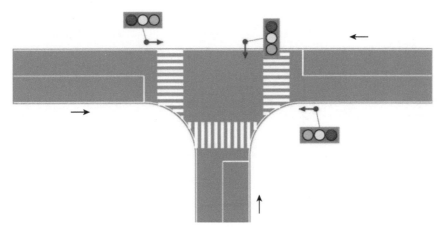

图 8-40 T 形交叉口信号灯设置示意图

8.5.3.4　设置导流岛交叉口

在设置有导流岛的交叉口，信号灯灯杆可以设置在导流岛上。如果右转车辆与行人、非机动车冲突较大，则可考虑在导流岛上增设控制右转方向的机动车信号灯，但不能影响其他方向的视认，如图 8-41 所示。

8.5.3.5　立交桥下交叉口

当立交桥下的交叉口设置有二次停车线时，应该在立交桥的另一侧增设 1 个信号灯组合，便于驾驶人视认，如图 8-42 所示。

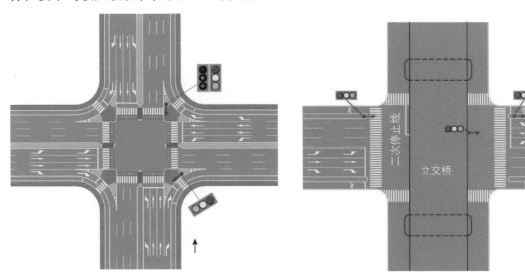

图 8-41　设置导流岛交叉口的信号灯设置示意图　　　图 8-42　立交桥下道路设置信号灯示意图

第9章 渠化设计评价

Chapter Nine

本章主要介绍交叉口渠化设计评价，包括安全、经济、社会效益等方面的评价指标，并对评价的主要方法进行介绍。

9.1 » 评价指标

交叉口渠化设计评价指标包括 3 大类：安全类、成本类、效益类，如图 9-1 所示。安全类指标包括冲突点类型和数量、事故率、事故强度；成本类指标为渠化设计方案的实施成本；效益类指标包括通行能力、速度比、停车次数、排队长度等。

图 9-1　渠化设计评价指标体系

9.1.1　安全类指标

9.1.1.1　冲突点类型和数量

车辆到达、通过平面交叉口时，要产生分流与合流。当两股不同流向的交通流同时通过空间某点时，就会产生交通冲突，该点即为冲突点。车辆通过冲突点时，存在相互挤、碰、撞的可能，冲突点越多，对车辆通行安全和交叉口通行能力的影响就越大。

冲突点类型代表交叉口交通流运行的复杂程度，如果冲突点类型减少，则表明交叉口交通流运行的复杂程度降低，交通流之间相互干扰减少，运行更加顺畅。

冲突点数量代表交叉口交通流运行的安全程度，如果冲突点数量减少，则表明交叉口交通流运行的安全程度提高。

9.1.1.2　事故率

事故率是指在某一个时间段内，在交叉口范围内发生的交通事故总起数，与通过交叉口的机动车辆总数之比。事故率计算单位为次 / 百万车。

事故率考虑了交叉口范围内的交通事故数与通过交叉口的交通流量之间的关系，作为评价指标比较科学合理。该指标的缺点是由于交通事故的偶发性容易导致错误评价，因此对于流量较小的交叉口，只要发生交通事故就有可能被认为是危险交叉口。

9.1.1.3　事故强度

事故强度是指在某一个时间段内，发生严重交通事故的起数与交叉口范围内全部事故总数之比。指标中，严重交通事故需根据交叉口评价的需求确定。

从交通事故的严重程度来看，可分为适用简易程序处理的事故和一般程序处理的事故。其中，一般程序处理的事故可按照《生产安全事故报告和调查处理条例》第三条细分为四个等级：

1）特别重大事故：是指造成 30 人以上死亡，或者 100 人以上重伤（包括急性工业中毒，下同），或者 1 亿元以上直接经济损失的事故。

2）重大事故：是指造成 10 人以上 30 人以下死亡，或者 50 人以上 100 人以下重伤，或者 5000 万元以上 1 亿元以下直接经济损失的事故。

3）较大事故：是指造成 3 人以上 10 人以下死亡，或者 10 人以上 50 人以下重伤，或者 1000 万元以上 5000 万元以下直接经济损失的事故。

4）一般事故：是指造成 3 人以下死亡，或者 10 人以下重伤，或者 1000 万元以下直接经济损失的事故。

事故强度指标考虑了不同严重程度的事故对交叉口安全水平的影响，不同类型的交叉口，可计算不同严重程度的事故强度指标。该指标作为评价交叉口渠化设计安全性改善的指标，可以从安全角度有针对性地比选交叉口渠化设计方案。

9.1.2 成本类指标

交叉口渠化设计方案所涉及的建设成本包括建设费、道路红线变更引起的拆迁费及土地征用费等。

其中，建设费包括交叉口改造的土建费，新增交通信号控制设备、调整交通标志标线的费用，以及新增交通安全设施的费用等。

9.1.3 效益类指标

9.1.3.1 通行能力

通行能力是指在一定的道路、交通和环境条件下，道路上某一断面在单位时间内通过的最大车辆数，其单位为 pcu/h。信号交叉口通行能力是指一个交叉口对于各个方向（或相位）全部车流所能提供的最大允许通过量，是各个方向（或相位）通行能力之和。

交叉口通行能力是反映交叉口交通运行效率的指标，通过渠化设计，提高交叉口的通行能力，从而提升交叉口的通行效率，改善交叉口的安全性。

9.1.3.2 速度比

速度比是指一个信号周期内，通过交叉口的所有机动车行驶速度的平均值，与路段上的机动车平均行驶速度之比。

在交叉口，由于冲突点多，行车干扰大，导致车速降低，甚至造成行车阻滞。速度比是一项综合指标，并且是一个无量纲的值。该指标能够表征交叉口行车秩序，反映交通渠化与管理的状况。

9.1.3.3 停车次数

停车次数是指一个交通信号控制周期内，机动车辆在通过交叉口时受交通控制影响而停车的平均次数。

该指标是反映能源消耗的指标。减少停车次数可以减少车辆燃料消耗量、减少车辆轮胎和机械磨损、降低汽车尾气污染，从而实现绿色环保出行。

9.1.3.4 排队长度

排队长度是指交叉口某一进口车道上，绿灯信号开始时的机动车辆排队长度。

该指标反映了交叉口的拥堵程度。通过渠化设计，缩短每个进口车道上的车辆排队长度，就可以降低交叉口的拥堵程度，提高交叉口的通行效率。

9.2 » 评价方法

交叉口渠化设计评价方法采用前后对比法。

所谓前后对比法，就是在渠化方案实施前，对各项评价指标进行测定，得出相应的指标值。在渠化方案实施后，待交通流运行一段时间进入稳定状态时（一般为方案实施后三个月），再次对各项评价指标进行测定，得出相应的指标值。将方案实施前后两组指标进行对比，并以此对比结果对交叉口渠化设计的效果进行评价。

交叉口渠化可分为新建交叉口渠化与改建交叉口渠化。如果是新建交叉口渠化，则无法对现状运行状态测定评价指标，可以通过理论分析或计算机模拟仿真分析的方法，计算得出方案实施前的评价指标值。

9.3 » 综合评价

通过对比各项评价指标的数值（见表9-1），综合得出交叉口安全、成本、效益是否得到改善和提升的结果。

表 9-1　交叉口渠化设计评价指标对比

序号	评价指标	方案实施前指标值	方案实施后指标值	指标对比结果	评价值
1	冲突点类型和数量	√	√	减少（增加）	1（-1）
2	事故率	√	√	降低（上升）	1（-1）
3	事故强度	√	√	降低（上升）	1（-1）
4	拆迁费	√	√	降低（上升）	1（-1）
5	土地征用费	√	√	降低（上升）	1（-1）
6	建设费	√	√	降低（上升）	1（-1）
7	通行能力	√	√	提高（下降）	1（-1）
8	速度比	√	√	提高（下降）	1（-1）
9	停车次数	√	√	减少（增加）	1（-1）
10	排队长度	√	√	减少（增加）	1（-1）

将10个评价指标的评价结果值相加，如果为正数，则渠化效果好；如果为零，则渠化无效果；如果为负数，则渠化反而使交叉口运行状况恶化。评价结果数值越大，则渠化效果越好，反之，则越差。

　　本手册针对面积较大交叉口、畸形与环形交叉口、左转或直行机动车流量较大交叉口、非机动车与行人流量较大交叉口、匝道与地面交叉口衔接等常见的 10 类问题，分别整理了各地交通管理部门的实际改善案例。由于案例中涉及的解决措施受多种因素影响，仍存在不足之处，仅供参考。

城市道路
平面交叉口渠化 >>>
设计手册

第三部分

综合应用篇

第 **10** 章　面积较大的交叉口设计实例

Chapter Ten

当道路断面车道数较多或存在上跨、下穿立交时，往往导致交叉口的面积过大。此类交叉口内部空间资源较为丰富，但若渠化设计处理不当，容易引发交通问题：一方面，机动车、非机动车及行人通过交叉口的距离较长，导致交叉口通行效率较低；另一方面，由于交叉口面积过大，容易造成不同交通方式的运行轨迹产生混乱，甚至相互冲突，导致过街安全性降低。

为改善此类交叉口的交通问题，应从道路空间资源、时间资源、车辆运行的行车轨迹等方面进行合理设计，规范各类交通方式的行驶轨迹。主要的改善设计思路是缩小交叉口面积、规范机动车运行轨迹。常用的改善措施有：调整车道布局、停止线前移、设置待行区与待转区、施划导流线与导向线、优化信号配时方案等。

10.1 » 优化车道功能布局

10.1.1　大连市中山路—西南路交叉口概况

大连市中山路—西南路 T 形交叉口是一个平面交叉口，周边人流、车流集散量较大。中山路西接高新园区，途经黑石礁客运站；东接市内多条主干路，途经圣亚海洋世界、星海广场等主要旅游景点。

该交叉口属大型路口，西南路为双向 8 条机动车车道，且道路断面不对称，一侧为 5 车道，一侧为 3 车道，2 条非机动车道，机非混合行驶；中山路双向 6 条车道及辅路，禁止非机动车和摩托车通行。

问题分析

1）大连市居民的出行结构及上下班时间较为集中，早、晚高峰交通流量巨大，且交通参与者守法意识比较薄弱，行人、机动车混行导致机动车行驶轨迹混乱，T形交叉口的通行效率大大降低。

2）交通标线不完善、渠化措施不足，车道功能划分不明确、位置不合理等。

3）交叉口范围内缺失必要的引导标线，同向行驶车辆相互干扰使得车流轨迹紊乱，增加了偶发性交通冲突点，从而降低了T形交叉口的通行能力。

10.1.2 优化设计要点及提升效果

针对该交叉口因面积过大而产生的各类交通问题，交警部门对此路口开展渠化改善设计（见图10-1）。在保障安全的前提下，调整进口车道布局，以规范行车轨迹，提高通行效率，降低事故发生率。

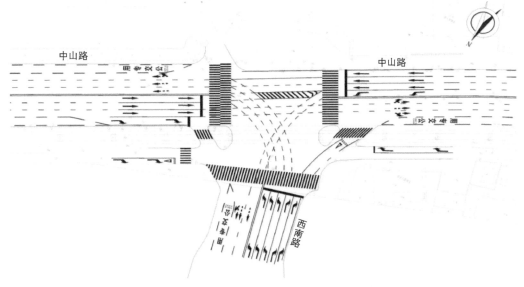

图10-1 中山路—西南路交叉口改善方案示意图

优化设计要点

1）调整中山路各进口方向的车道功能，西进口由2个直行、1个直右、1个左转车道调整为3个直行、1个左转；东进口由2个直行、1个直右、1个右转车道调整为3个直行和1个右转车道，进一步明确了车道功能。

2）西南路（北进口）的车道功能设置较为合理，未做改动，北出口最外侧增设公交专用车道。

3）在路口范围内增设导向线和导流线规范行车轨迹，使车辆各行其道，避免车流间的相互冲突。

提升效果

改善方案实施后（见图10-2），该交叉口的高峰期交通通行秩序更加规范，车辆基本都能按照导向线行驶，事故率降低72%。西南路及中山路左转车辆通行能力提高37%，交叉口通行效率大幅提升。

图 10-2　中山路—西南路交叉口改善方案实施后示例

10.2 ≫ 车道"瘦身扩容"

10.2.1　济南市解放路—历山路交叉口概况

解放路—历山路交叉口为济南市两条主干路相交的四相位灯控路口。历山路与解放路均为双向八车道道路，采用主辅道形式，在交叉口进口道进行了展宽设计。道路均设置有公交专用车道，其中历山路中央设置快速公交系统（BRT）专用车道，解放路外侧设置公交专用车道（见图10-3和图10-4）。

图 10-3　解放路—历山路交叉口现状示意图

问题分析

1）路口各进口道的排队长度较大，尤其是北进口和东进口，高峰期常排队至上游路口，造成上游路口交通流溢出，导致周边路口严重拥堵。

2）进口车道过宽（一般为3.5m、3.75m、4.0m），造成车辆并行、随意变道现象突出，存在较大的安全隐患。

3）由于北进口停止线前150m处设置有加油站，由加油站驶出的左转车辆需连续跨越多条车道进入内侧左转车道，严重干扰直行车辆通行。

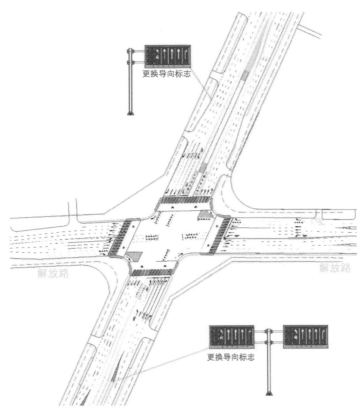

图 10-4 解放路—历山路现状方案设计示意图

10.2.2 优化设计要点及提升效果

自 2011 年开始，济南对"车道瘦身"方法进行了有效的探索和尝试。在确保安全的情况下，对地面道路近交叉口的单条车道进行瘦身，宽度压缩至 3.0m 以内，最小为 2.75m，并重新进行车道功能分布，在尽可能保证直行车道通行能力不变的情况下，增设专用左转或专用右转车道。

解放路—历山路路口优化改造过程中，根据路口实际情况压缩进口车道宽度，增加进口左转车道数，同时调整信号配时方案，减少左转绿灯时间，并适当延长直行绿灯时间，提高路口通行效率。改善设计方案示意图如图 10-5 所示。

优化设计要点

1）压缩东进口和南进口的车道宽度，其中宽度最小压缩至 2.75m，分别增设 1 条左转车道，提高进口道的通行能力，减少车辆排队。

2）压缩北进口车道宽度，增设 1 条左转车道，同时，为减少由加油站驶出的左转车辆对直行车辆的通行干扰，该车道设置在外侧第二条。

3）为进一步缓解交通压力，在交叉口内增设公交车待行区和左弯待转区。

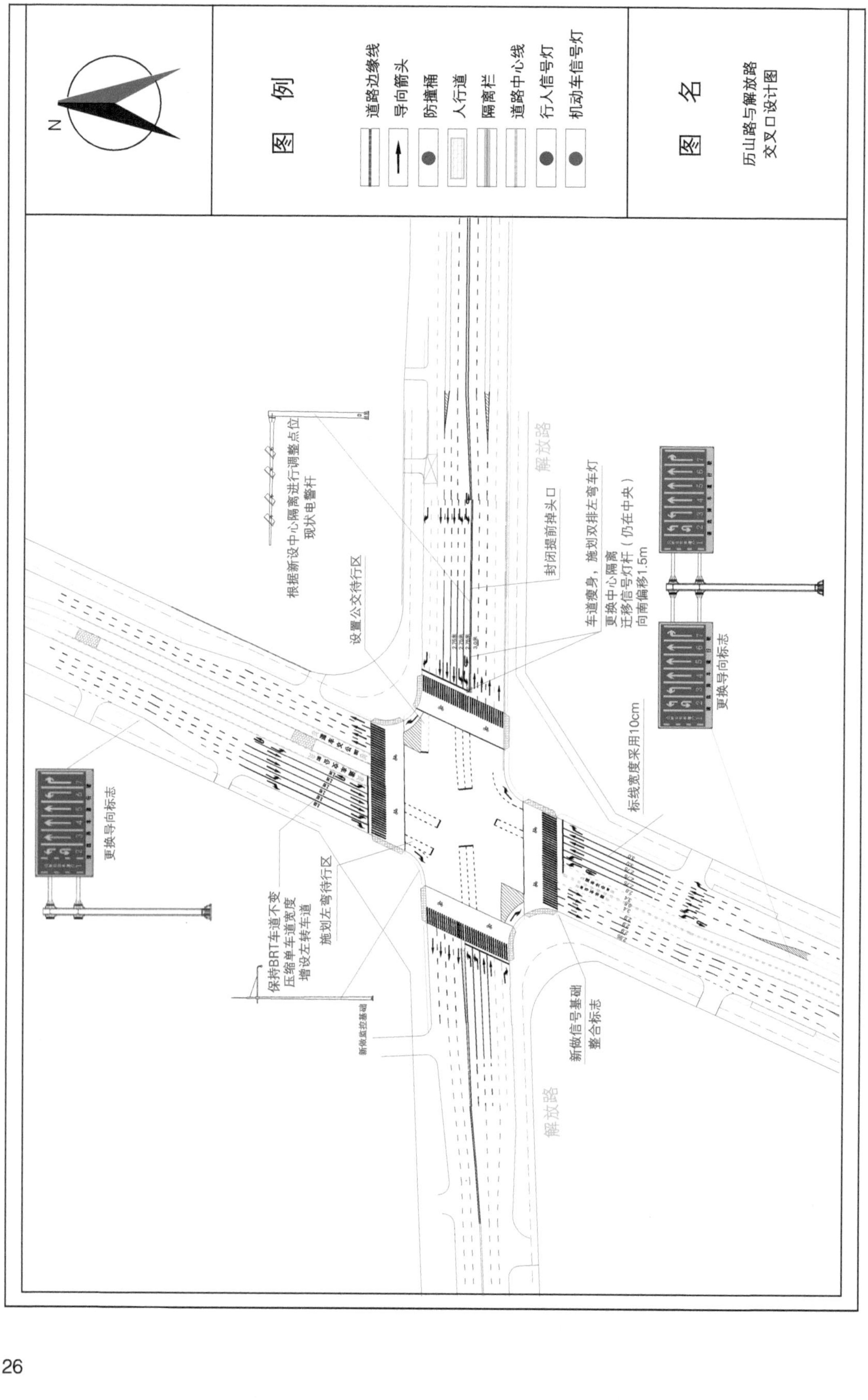

图 10-5　解放路—历山路交叉口改善设计方案示意图

提升效果

实施车道"瘦身方案"后，路口通行能力显著提升、排队长度明显缩短：东进口左转通行能力提升 39%，直行通行能力提升 13%，整体排队长度缩短 35m；北进口左转通行能力提升 31%，直行通行能力提升 11%，排队长度缩短 42m；南进口左转通行能力提升 35%，直行通行能力提升 10%，排队长度缩短 21m。改善后路口示例如图 10-6 所示。

图 10-6 解放路—历山路交叉口改善后示例

10.3 » 设置待行区

10.3.1 杭州市环城北路—湖墅路交叉口概况

环城北路—湖墅路交叉口位于杭州市下城区核心区域，附近是政府机关单位以及武林商圈。高峰时段东西向交通流量可达 2200pcu/h，过境交通与到达交通均有（见图 10-7）。

图 10-7 环城北路—湖墅路交叉口改造前示例

问题分析

1）由于路口周边单位较多，且相交道路是连接杭城南北及东西的重要通道，高峰时段交叉口内交通秩序较混乱。

2）优化前交叉口面积较大（南北向停止线间距离超过 115m，东西向超过 95m），使得车辆通过交叉口时间较长，进一步增加了交通管理难度。

10.3.2 优化设计要点及提升效果

根据实地踏勘与系统的交通流量监测，平峰时段南北向湖墅南路通行车辆通过交叉口的平均时间为 16s，高峰时段时间更长。为改善上述交通问题，考虑将机动车通过路口时间控制在 12s 之内。

优化设计要点

1）将各进口的停止线、人行横道向交叉口中心推进 7~12m 不等，缩短东西向与南北向停止线的间距。

2）在路口四个进口道前端分别设置直行待行区和左转待行区，如图 10-8 所示。

3）在交叉口各个方向转角处设置"行人等待区"路面文字标记和交通隔离栏，明确行人待行区域，如图 10-9 和图 10-10 所示。

图 10-8　环城北路—湖墅路交叉口优化方案示例（交叉口整体缩小，增设 18 个待行区）

图 10-9　环城北路—湖墅路交叉口设置路面
文字标记

图 10-10　环城北路—湖墅路交叉口四角各增设
行人隔离栏 40m

提升效果

优化措施实施后，南北向机动车平均通过时间缩短到 12s。待行区导流线使得部分车辆能在交叉口范围内等待信号灯，进一步提高交叉口的时空利用率。交通改善措施自 2013 年上半年实施以来，环城北路—湖墅路交叉口通行效率明显提高，路口排队减少，路面交通秩序显著改善。

10.4 》施划导流岛，前移停止线

10.4.1 大连市周水前华香桥下交叉口概况

大连市周水前华香桥下交叉口面积约 4000m²，上方为华香桥，交叉口主要连接迎客路、华北路、香周路三条主干路（见图 10-11）。其中，华北路和迎客路是进出市区的重要通道。

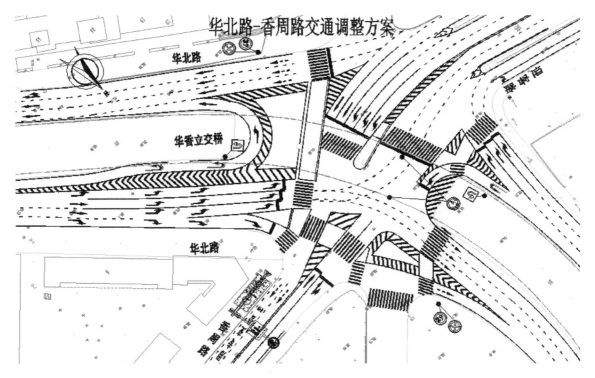

图 10-11　周水前华香桥下交叉口改善前设计示意图

问题分析

1）该路口的大型货运车辆较多，一定程度上影响了路口的通行效率。

2）相交道路多，信号相位多，车辆等待时间较长，去往各个方向的车流通过停止线后随意行驶，相交道路不同程度地存在车辆积压现象，路口内交通秩序较差。

10.4.2 优化设计要点及提升效果

鉴于路口现状特征,急需采取措施保障主流向车辆通行顺畅,规范各方向通行秩序,提高通行效率,减少事故发生率。针对周水前华香桥下交通存在的问题,交警部门对该区域的交通组织进行了重新规划,通过完善标志标线、信号灯及隔离设施,明晰不同交通方式的通行路径,规范行车秩序。

优化设计要点

1)增加隔离栏,分离对向交通。通过增加隔离栏来规范通行秩序,保障双向通行顺畅,防止个别车辆跨双黄线逆行,保障交通安全。

2)完善交通标线,规范行车轨迹。完善路口内导流线和导向线,明确行车轨迹,加强车辆引导,规范通行秩序,避免进入路口后车辆随意行驶对其他车辆的影响,减少事故发生。

3)设置右转信号灯,减少交通冲突。增加设置右转信号灯,对华北路右转进入迎客路车流进行控制,消除合流冲突,保障华北路北行车流放行时不受干扰,提高通行效率。

提升效果

改善方案实施后,路口交通状况明显改善(见图 10-12)。一方面,车辆沿路口导流线规定的通行区域有序通行,抢行、逆行等现象基本消失,避免了抢行和随意通行引发的事故,通行安全得到保障,平均通行速度由 23km/h 提升至 32km/h,提升约 39%。另一方面,对右转机动车进行信号控制,避免了华北路北行进入迎客路车流合流的冲突,华北路交通拥堵得到缓解,通行效率明显提高。

图 10-12 周水前华香桥下交叉口改善后路口示例

10.5 » 优化行人和非机动车过街路径

10.5.1 广州市经一路—纬二路交叉口概况

经一路—纬二路(天桥南)路口为广州市南北贯通主干路相交的四相位灯控路口,是连接火车站与长途汽车总站的重要交通节点（见图10-13）。按照市委市政府治堵和创城工作的要求，市公安局交警支队开展路口渠化"革命"，着重关注行人和非机动车交通，逐步由以车为本向以人为本转变。

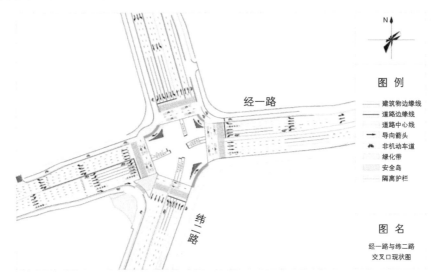

图 10-13　经一路—纬二路交叉口现状设计图示意

问题分析

路口采用"大路口"交通组织模式，停止线靠后设置并设置四个转角安全岛。早晚高峰机动车、非机动车及行人交通流量均较大。

1）改造前交叉口面积过大，近 $6300m^2$，机动车通过交叉口的时间长。

2）行人和非机动车过街不顺直且绕行距离长、过街总时间长（见图10-14），导致部分非机动车和行人走"捷径"、交通秩序较乱。

图 10-14　经一路—纬二路交叉口行人和非机动车过街不顺直

10.5.2 优化设计要点及提升效果

优化设计要点

1）采用"缩小路口、人行横道线及停止线前移、行人和非机动车顺直过街"的渠化原则，对路口进行大规模改造，拆除路口东南、东北、西北转角岛和西南角的右转安全岛（见图 10-15）。

2）人行横道线和停止线前移 10~20m，非机动车和行人采用顺直过街模式，以减少行人和非机动车过街距离，缩短行人和非机动车过街时间，同时提升路口机动车通行效率。

3）采用隔离设施规范交通参与者的出行轨迹，减少路径选择空间，规范交通秩序。

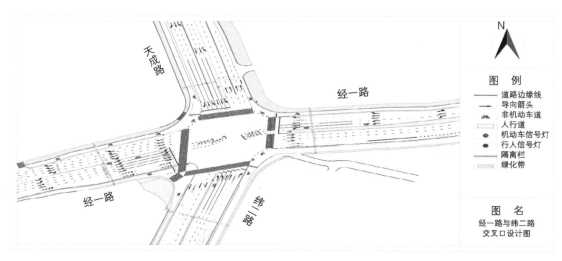

图 10-15　经一路—纬二路交叉口改善设计方案示意图

提升效果

改善设计方案实施后（见图 10-16 和图 10-17），路口面积整体缩小 16%，路口交通状况明显改观：

1）非机动车和行人守法率明显提升。路口采用行人和非机动车顺直过街模式，过街总长度平均由 95m 缩短至 65m，缩短 31%，非机动车守法率提高 25%，行人守法率提高 19%。

2）机动车通行效率提升。由于停止线提前，路口机动车通行效率进一步提升，整体通行能力提升 6%，但由于停止线前移令左转车辆转弯半径缩小，左转通行能力平均降低 3%。

3）在取得上述效果的同时，不足之处是采用顺直过街模式后，路口非机动车二次待行区明显缩小，待行区容易发生溢流，从而影响直行非机动车正常通行。

图 10-16 经一路—纬二路路口改善后示例（一）

图 10-17 经一路—纬二路路口改善后示例（二）

第11章 畸形交叉口设计实例

Chapter Eleven

畸形交叉口多因地形、道路规划方案等因素影响而产生，其本身的几何特性往往导致交通冲突危险性增加。一般畸形交叉口可分为多路畸形交叉口和斜交畸形交叉口。

为改善畸形交叉口的通行秩序、提高交通安全水平，主要的改善设计思路是设置渠化岛或标志标线明确畸形交叉口内不同交通方式的行车轨迹。常见的改善措施有：通过交通标线等将畸形交叉口改造为规则交叉口、设置单行道简化交通、优化信号配时方案、增设信号灯控制等。

11.1 » 设置单行道

11.1.1 大连市花园广场交叉口概况

大连市花园广场原为五路相交的环形交叉口，调整前5条道路均为双向通行，均可进出广场，去往各个方向的车辆在路口内密集交织、相互抢行，造成广场通行秩序混乱，通行效率很低。

问题分析

1）环岛半径小，仅有两车道，相交道路涌入的大量车流不能快速释放，形成交通瓶颈。广场距周边临近路口较近，路段容车量小，一个下游路口车辆积压，直接导致广场内及其他周边道路的交通拥堵。

2）环岛内有公交车通行，由于公交车车身较大，在广场内绕行不便，时常发生刮蹭事故。

3）部分有掉头需求的车辆只能在广场内绕行，增加广场内的交通压力的同时，增加了市民出行时间。

11.1.2 优化设计要点及提升效果

为缓解上述问题，交警部门重新对交叉口的交通组织进行了设计，简化交通，变复杂畸形路口为规则路口，减少广场内车辆交织，规范交叉口通行秩序，提高通行效率。

优化设计要点

花园广场交叉口改善设计示意图如图11-1所示。

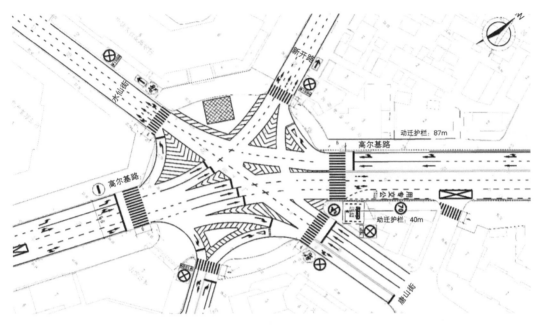

图11-1 花园广场交叉口改善设计示意图

1）设置单行路、公交专用车道，简化交通流。将高尔基路、水仙街、新开路调整为单行路，减少三股进入花园广场的车流，使广场内交通得以简化。此外，在高尔基路设置公交专用车道，在交通高峰期（6:30-8:30，16:30-19:00）禁止社会车辆进入，只允许公交车使用，保障公交车运行畅通。

2）增设掉头专用车道，减少进入路口交通量。在高尔基路、水仙街之间设置掉头专用道，掉头车辆可直接通行；另外设置3条右转弯专用道，快速释放右转车流，减少沿线道路交通压力。

3）完善交通标线，规范行驶轨迹。在广场内行车轨迹外的区域填充导流线，规范畸形交叉口的行车轨迹，明确了车道功能，引导车辆行进方向，方便驾驶人识别，可避免车辆进入路口后随意行车导致剐蹭。

4）增设信号灯控制。由环形交叉口改为信号控制的平面交叉口。在广场增设信号灯，调控进入广场的车辆，避免车辆抢行，保障交叉口内通行顺畅。

提升效果

改善方案实施后，花园广场交叉口的通行秩序明显改善（见图11-2和图11-3），抢行、强行并道现象基本消失，交通高峰期车辆平均通行速度由18km/h提升至30km/h，公交车通行速度由不到20km/h提升至38km/h。同时，周边区域的交通得到改善，基本解决了广场内及相交道路的交通拥堵，高尔基路东行排队长度缩短约80m，唐山街西行排队长度缩短约45m，广场与水仙街、新开路交叉口通行顺畅。

图11-2　花园广场交叉口改善后现状示例（一）　　图11-3　花园广场交叉口改善后现状示例（二）

11.2 » 规范行车轨迹

11.2.1 大连市天津街—明泽街交叉口概况

天津街—明泽街交叉口是一个四路交叉的畸形交叉口，天津街两段分别是由西向东、由北向南的单行路，南段明泽街是由北向南的单行路，北段明泽街为双向通行。该交叉口是重要的支路汇集点，主要疏导民主广场、人民路、长江路、世纪街等主干路的交通流。

问题分析

交叉口现状无信号灯控制，车辆行车轨迹不明确，导致交通秩序紊乱，事故多发。

11.2.2 优化设计要点及实施效果

为缓解上述问题，一方面通过标志标线规范畸形交叉口的行车轨迹，降低转弯车流的行车速度，提高交叉口整体安全性；另一方面通过设置渠化岛供行人驻留，提高行人过街的安全性。

优化设计要点

天津街—明泽街交叉口改善设计示意图如图11-4所示。

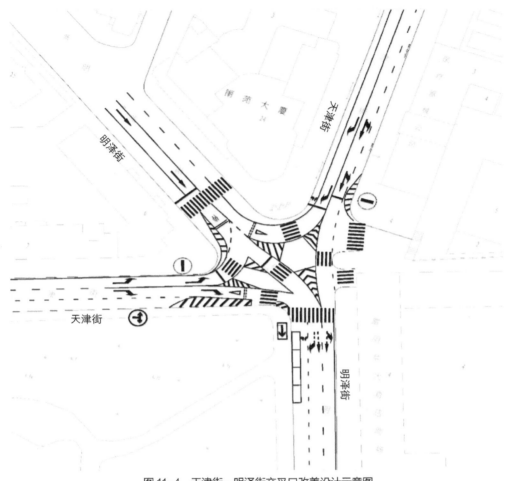

图 11-4　天津街—明泽街交叉口改善设计示意图

1）设置标线渠化岛，规范行车轨迹。通过设置右转标线导流岛，将交叉口内部未被利用的空间由标线标出，明确车辆的通行轨迹。

2）施划路口导向线，均衡各车流通行速度。通过渠化标线，减小天津街、明泽街各转弯车辆的转弯半径；明泽街（民主广场段）、天津街（长江路段）渠化压缩车道宽度，使驾驶人降低车速，提高交叉口整体安全性。

3）设置行人等待区，提高过街安全性。清除以前垂直道路的人行横道，将人行横道通过中心区域两块渠化岛进行连接，既缩短行人过街路程，也使行人过街时可通过渠化岛驻留，提高过街的安全性。

实施效果

改善方案实施后，路口车辆通行秩序明显改善，剐蹭事故显著减少，人行横道利用率大大提升（见图 11-5）。

图 11-5 天津街—明泽街交叉口改善后示例

11.3 》掉头车道"外置"

11.3.1 深圳市爱国路—太宁路交叉口概况

爱国路—太宁路交叉口位于深圳市罗湖区东湖公园爱国路主入口，东侧为东湖公园进出道路，东北侧为东湖公交首末站，西侧为太宁路。现状交叉口错位严重，为典型的畸形交叉口，如图 11-6 所示。从交通流量的情况来看，高峰期间北进口的掉头车流量较大，南进口道直行及左转车流量均较大，东西向行人过街流量较大。

图 11-6 爱国路—太宁路交叉口现状示例

11.3.2 优化设计要点及实施效果

通过渠化设计及信号相位调整优化措施，解决交叉口各类车流交织冲突问题。

优化设计要点

交叉口设计示意图如图 11-7 所示。

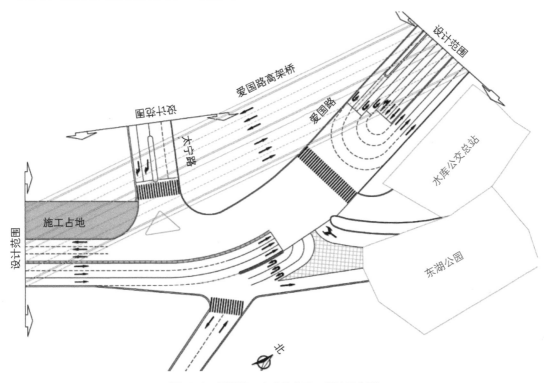

图 11-7　爱国路—太宁路交叉口设计示意图

1）通过将掉头（左转）车道布设在直行车道右侧，增大掉头车辆的转弯半径，改善掉头车辆在路口的通行效率，即在北进口道和南进口道右侧分别设置 3 条掉头进口道，直行车道位于左侧。

2）调整信号相位设置，南、北进口道设置掉头信号相位和直行相位，避免掉头车辆和直行车辆的交织。此外，行人通过掉头相位过街。

实施效果

改善方案实施后（见图 11-8），交叉口的服务水平由 E 级上升为 D 级，交叉口范围内无明显交织冲突，有效满足了交叉口各类交通方式的通行需求。

图 11-8　爱国路—太宁路交叉口改善后示例

11.4 ≫ "简化流向"，增设信号灯控

11.4.1　天津市南京路—新华路交叉口概况

南京路是天津市和平区内环线的一条极其重要的主干路，承担了最主要的中心城区75%以上的交通流转换功能，但因受老城区历史路网布局影响，沿线多路畸形交叉口较多，治理起来非常困难。

南京路—新华路交叉口位置如图 11-9 所示，周边分布有天津市著名的五大道商业区、滨江道商业街、小白楼商业服务区等人口密度极高的地区，周边象限内还有天津国际大厦、天津画院、抗震纪念碑等众多交通发生与吸引点，再加上南京路过境交通的影响，导致此交叉口及沿线交叉口的通行能力都基本接近于过饱和状态。

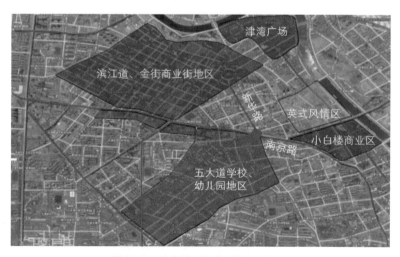

图 11-9　南京路—新华路交叉口位置

南京路—新华路交叉口为六路相交畸形无信号控制交叉口，优化前交叉口渠化设计示意图如图 11-10 所示。晚高峰期间交叉口各进口流量如图 11-11 所示。

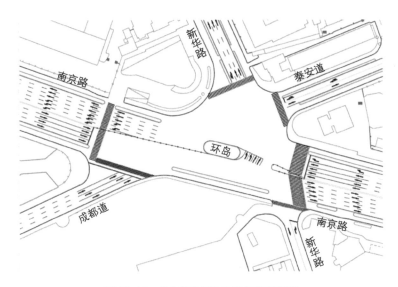

图 11-10　优化前交叉口渠化设计示意图

图 11-11　优化前交叉口晚高峰期间交通流量 OD 示意图

问题分析

1）交通冲突点多。交叉口为无信号灯控制方式，各方向车流行驶路权不明确，高峰期间一般有 6~8 名交通管理人员采取现场指挥的方式来控制车辆的进出。

2）延误大。按照《天津市交通影响评价技术规程》中无信号交叉口评价方法，此交叉口服务水平为三级，平均延误时间为 112s。

3）存在行人过街安全隐患。交叉口地面标线渠化不合理，导致车辆在交叉口内随意行驶；行人过街距离过远，在交叉口内部无安全等候区域；人机冲突、机非冲突均较严重。

4）车流交织严重。南京路西进口道的左转车辆与成都道的左转车辆均需通过环岛处的左弯待转区来完成，导致在南京路西进口与待转区之间的路段上存在大量的南京路直行车流、成都道右转车流以及成都道向内侧并入的左转车辆流之间的合流、交织冲突。

5）环岛设置存在问题。现状交叉口环岛的设置位置不合理，导致车辆在南京路西出口道溢出，阻塞了交叉口。

11.4.2 优化设计要点及实施效果

优化设计要点

天津交警从路网结构、交通渠化、交通控制及交通管理四个层面制定优化思路,如图
11-12所示。

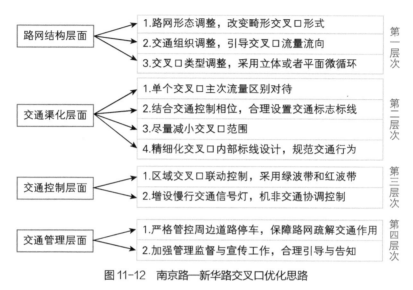

图 11-12 南京路—新华路交叉口优化思路

1)拆除现有环岛,将泰安道与成都道对正,与南京路东西向形成正规四路交叉口,
再接入南北新华路;同时施划路口导向线,理顺行车路径,规范各方向交通流的转向行为,
明确通行空间,提高交叉口通行效率(见图 11-13)。

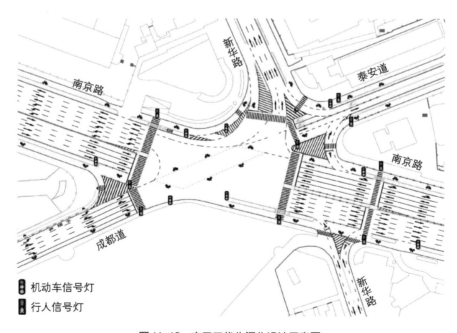

图 11-13 交叉口优化渠化设计示意图

2）畸形路口禁左，提前引导绕行。将原在环岛处南京路西进口驶出的左转车及掉头车辆禁行，通过引导至上游的南京路—山西路、南京路—河北路以及下游南京路—湖北路等交叉口完成南京路西向北左转功能替代（见图 11-14）。

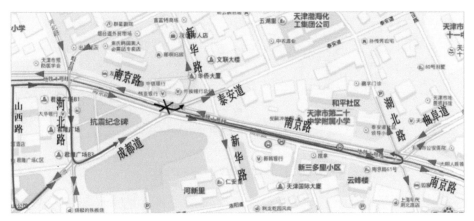

图 11-14　南京路西进口禁左后绕行方案示意图

3）采取禁限措施对周边道路车流进行引导。南京路 - 新华路交叉口改造前，高峰期间泰安道流量大，且沿线开口较多。交叉口改造后为避免出现拥堵、压车严重等情况，在浙江路—泰安道处增设信号灯以及禁左标志牌，通过控制曲阜道车辆左转，减轻泰安道行车压力（见图 11-15）。

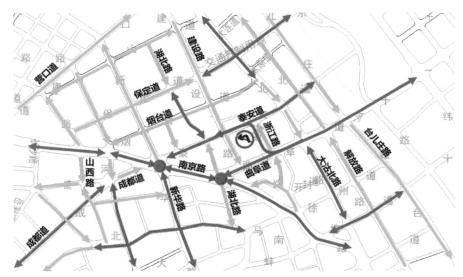

图 11-15　调整周边道路交通组织示意图

4）增加信号灯控制，优化配时方案（见图 11-16）。将周边多个路口进行区域干线协调控制。其中，南京路—新华路西进口左转禁行后，为减小过多车辆通过南京路—河北路、河北路—成都道绕行后增加对三角地交通压力的影响，对南京路—河北路交叉口西进口道外侧专右车道实行灯控，减轻三角地带的交通压力。

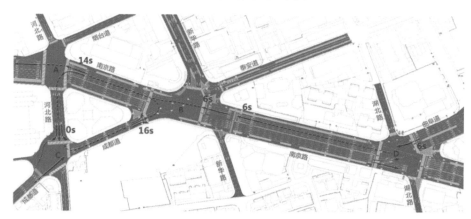

图 11-16　优化周边路口配时方案

5）停车管控，合理引导。南京路东进口道处有二十一中附小与和平保育院等吸引家长临时停车点，因此在新华路增设部分临时停车位，并提供洛阳道和湖北路的现状车位解决家长接送车辆的临时停车问题，提高周边分流道路的通行效率。

6）广泛征求意见，全方位立体式宣传。在方案设计阶段，天津交警通过官网等平台向社会广泛征求意见，并结合民声对方案进行多次调整与公示。在方案施工改造前、中、后期通过天津新闻、天津网、北方网、新华网、大众网、新浪、网易、滨海高新网及微信推送等多平台进行宣传互动，取得了社会的广泛好评。

实施效果

1）冲突点减少。平峰期间直接冲突点由改造前的 6 个下降到改造后的 2 个。此外，高峰期控制方式由警力疏导交通改为信号灯控制、警力辅助，降低了人力管控强度。

2）交叉口内平均车速提高。经实测，交叉口内平均车速由 15.2km/h 增至改造后的 21.5km/h，增长 41.44%；车辆通过时间由 31.40s 降至 18.73s，下降了 40.35%，通行效率、清空效率大幅提升。

3）通行能力提升。经连续观测高峰期交通运行状况：交叉口接近饱和，高峰小时流量接近实际通行能力，高峰期间交叉口平均多放行约 500pcu/h，通行能力提升约 7.2%。

4）饱和度下降。改造后单车道实际通行能力得到提升，各进口道饱和度下降，交叉口饱和度由 1.06 降至 0.88，整体下降约 18%。

5）服务水平提高。南京路西进口道改善效果尤为显著，延误降低 34.24%。交叉口内总车均延误由 97.34s 降至 71.78s，下降了 26.25%，服务水平由 F 级升至 E 级。

6）车辆排队长度减小。改造前高峰期间，南京路东西进口道接近溢出，改造后西进、

出口道平均排队长度下降尤为显著，降幅达 23.3%，总体排队长度下降了 16%，如图 11-17
所示。

a）早高峰

b）晚高峰

图 11-17　交叉口改造前后早晚高峰运行实景对比图

7）慢行驻足空间增加。改造前交叉口内可利用行人驻足区面积约 116m²，且秩序混
乱，存在严重交通安全隐患；改造后驻足区面积增至约 540m²，实施效果提升了 3.7 倍，
如图 11-18 所示。

图 11-18　交叉口改造前后慢行驻足空间对比图

8）行人过街时间缩短。改造后大幅缩短了泰安道、成都道、南京路西进口道过街距离，缩短了过街时间，增强了行人遵守交通秩序的意识。西进口道最大缩短过街时间约3.5min。

11.5 » 流向禁限

11.5.1 天津市南楼五岔交叉口概况

南楼五岔交叉口位于天津市河西区，由围堤道、新围堤道、大沽南路（南、北）及尖山路五条干路相交。周边分布有日报大厦、天津医院、第四十二中学等较大的交通发生与吸引点，业态复杂，交通压力巨大。

优化前共设有 25 条进口车道，18 个机动车流向（部分流向高峰禁行），采用六相位的信号控制方式，周期时长达 265s，交通组织形式极为复杂。该路口是整个河西区乃至天津市最为繁忙的交通节点之一，2017 年高德地图发布的《天津市交通分析报告 (Q1)》显示，由该路口起始至贵州路间的围堤道高峰拥堵延误系数高达 2.38，早、晚高峰在全市道路拥堵排名中分别位列第 2、3 名。图 11-19 所示为南楼五岔交叉口周边路网晚高峰路况图。

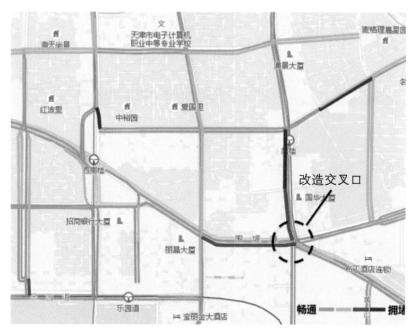

图 11-19　南楼五岔交叉口周边路网晚高峰路况图

问题分析

1）导向箭头指向不明，易错误行驶。部分路段进口道所施划的导向箭头不能够明确指示道路行驶方向，易使出行者尤其是初至该交叉口的驾驶人在选择方向及车道时出现偏差，如图 11-20 所示。

2）相位多，流向复杂，通行效率低。由于交叉口机动车流向过多，信号相位较多，损失时间过长，且部分相位不同流向之间存在交通冲突点，影响交叉口整体的通行效率。

图 11-20 东侧大沽南路进口道导向箭头指向不明

3）缺乏行人信号灯。现状交叉口仅在中心岗亭位置设置了机动车信号灯，各进口道人行横道缺乏行人信号灯。由于交叉口周边分布有小学及中学，晚高峰期间机动车流与过马路行人流之间的冲突尤为严重，存在安全隐患。

11.5.2 优化设计要点及提升效果

优化设计要点

1）流向禁限。对暂时处于地铁施工期断交、交通冲突点较多的尖山路采取右进右出的交通组织形式，以减少相位，提高通行效率；交叉口北进口禁止直行，新围堤道禁止左转，车辆可以通过周边路网绕行，如图 11-21 所示。

图 11-21 路口流向禁限、绕行路线示意图

2）渠化设计。根据实际的驶出方向调整各进口道导向箭头，施划相对应的路面文字标记，设置导流线规定非行车区，设置路口导向线引导车辆行驶方向；同时适当提前进口道停止线，设置待行区，提高机动车通行能力，如图 11-22 所示。

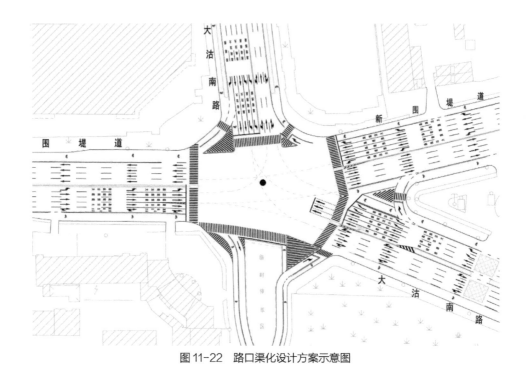

图 11-22　路口渠化设计方案示意图

3）优化信号配时。结合新的交通组织方案，对路口的信号配时进行优化，将原先六相位的信号控制方案调整为四相位，同时减小周期时长，如图 11-23 所示。

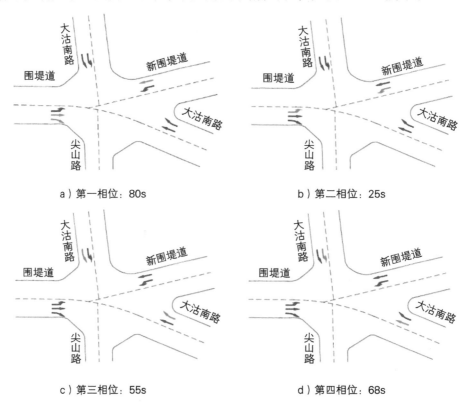

a）第一相位：80s　　　　　　　　　　　　b）第二相位：25s

c）第三相位：55s　　　　　　　　　　　　d）第四相位：68s

图 11-23　路口信号配时优化方案示意图

4）停车管控。考虑路口西南象限闽侯路小学上下学期间的停车需求，利用尖山路进口道展宽段的开阔空间设置临时停车区，同时在路口其他区域增设违停抓拍设备，进一步改善路口交通秩序。

5）慢行交通保障。在各进口道的人行横道处设置行人信号灯及二次过街安全岛，并设置独立的非机动车进口道，同时在必要的、存在机非冲突隐患的区域设置隔离栏，保障交叉口内部慢行交通的连续与安全。

实施效果

实施效果对比如图 11-24 所示。

a）改造前　　　　　　　　　　　　　　　　b）改造后

图 11-24　实施效果对比

1）有效改善了车辆错误驶入出口道的情况，提高了路口整体的通行效率。

2）由于需承担前往尖山路的绕行交通量，路口西侧围堤道交通压力增大，但未出现明显的交通拥堵现象，其余进口道通行情况良好。

3）在尖山路增设临时停车区后，交叉口周边违法停车现象得到显著改善。

4）各进口道设置慢行设施后，交叉口内部机动车与行人之间的冲突事故减少。

第12章 环形交叉口设计实例

Chapter Twelve

环形交叉口按其控制方式可以分为两种类型，一种是无信号控制的环形交叉口，一种是信号控制环形交叉口。无信号控制环形交叉口是现阶段保留环岛中比较多的管理模式，也是传统的环形交叉口模式。

在交通流量较低的条件下，环形交叉口与一般平面交叉口相比，具有管理简单、能有效减少车辆延误等优点。但随着交通流量的不断增长，无信号控制环形交叉口的弊端逐渐凸显。在通行效率方面，环形交叉口的通行能力较为有限，主要是由于受到中心环道交织段长度不足的影响，各进口的直行与左转车均要在环道上交织行驶，特别是当环岛车道较多时车辆交织更为严重，交叉口的通行能力受限。

基于上述分析，为改善环形交叉口的交通运行状况，主要的改善思路是减少车辆交织、优化路权分配、提高通行效率。常见的交通提升措施有：调整车道功能布局、禁止部分交通流向、增加信号灯控制、优化信号控制方案、改造环岛为平面交叉口、完善交通标志标线和隔离设施等。

12.1 » 优化车道功能布局

12.1.1 西安市曲江环岛概况

曲江环岛位于西安市雁塔区，环岛为南三环辅道、曲江大道、曲江池北路和三兆路五路交叉口。曲江环岛交通流量长期处于过饱和状态，7:00—12:00、17:30—19:30采用信号配时方案控制，其余时段均采用黄闪控制。现状配时方案见表12-1，周期时长135s，除三兆路进口道无信号控制外，其余四个进口道和岛内西侧均采用信号控制。

表 12-1　曲江环岛现状配时方案　　　　　　（单位：s）

进口道	绿灯	黄灯	红灯
曲江池北路	56	3	76
南三环辅道西	18	3	114
南三环辅道东	35	3	97
曲江大道	55	3	77
岛内西侧	80	3	52

问题分析

根据调查情况，15:00 之后，进入环岛内的车辆明显增多，环岛运行效率明显降低：

1）进口道驶入车辆和环岛内车辆交织，导致各进口道延误较大，现状示例如图 12-1 所示。

2）环岛内交通渠化精细化不足，不能有效引导车辆，如图 12-2 所示。

图 12-1　曲江环岛现状示例

图 12-2　曲江环岛不合理渠化示例

12.1.2 优化设计要点及提升效果

在结合现状交通量调查数据的基础上，对信号配时方案进行重新调整；在渠化方面对非机动车的行驶轨迹进行约束，同时保障非机动车的路权。

优化设计要点

1）调整相交道路的车道功能布局，明确机动车和非机动车的运行轨迹，改善路口行车秩序。

曲江池北路：调整进口道的车道，由2条直行车道和1条直右车道（见图12-3）调整为3条直行车道和1条右转专用车道，同时划分出非机动车道，明确非机动车的通行路权，规范非机动车的行车轨迹，如图12-4所示。

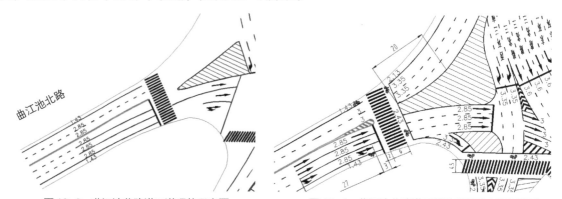

图 12-3　曲江池北路进口道现状示意图　　　图 12-4　曲江池北路进口道改善设计方案示意图

南三环辅道西：南三环辅道西口路段机动车道由2条（见图12-5）改为3条，同时进口道布设导流线使右转车辆与直行车辆在进口道分离，将掉头车道的进口改为2个，出口改为1个，减少掉头车辆对出口道车辆的干扰。曲江池北路右转车辆在出口车道设置减速让行标线，让行环岛内驶出车辆，如图12-6所示。

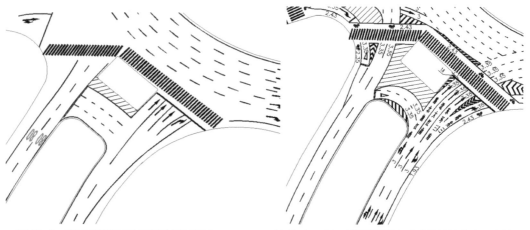

图 12-5　南三环辅道西进口道现状示意图　　　图 12-6　南三环辅道西进口道改善设计方案示意图

三兆路：将进口车道重新划分为 3 条直行车道和 2 条右转车道，同时布设导流线使直行车辆与右转车辆分离，减少车辆交织。现状示意图和改善设计方案示意图分别如图12-7 和图 12-8 所示。

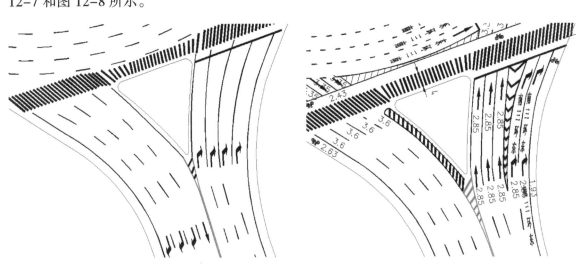

图 12-7　三兆路进口道现状示意图　　　　图 12-8　三兆路进口道改善设计方案示意图

南三环辅道东：进口道布设导流线使右转车辆与直行车辆在进口道分离，同时将掉头车道的进口改为 2 个，出口改为 1 个，减少掉头车辆对出口道车辆的干扰，现状示意图和改善设计方案示意图分别如图 12-9 和图 12-10 所示。

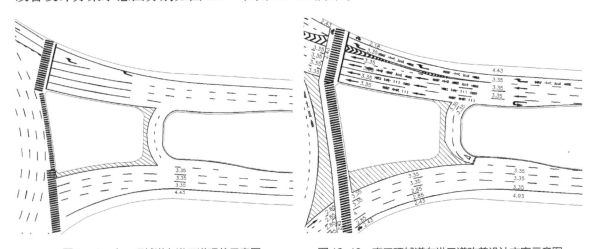

图 12-9　南三环辅道东进口道现状示意图　　　图 12-10　南三环辅道东进口道改善设计方案示意图

曲江大道：辅道进口道布设导流线使右转车辆与直行车辆在进口道分离，同时调整中央导流线，颜色由白色修改为黄色，规范交通标线设置。现状示意图和改善设计方案示意图如图 12-11 和图 12-12 所示。

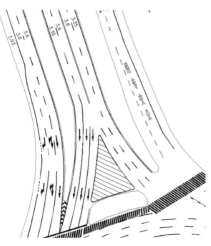

图 12-11 曲江大道进口道现状示意图

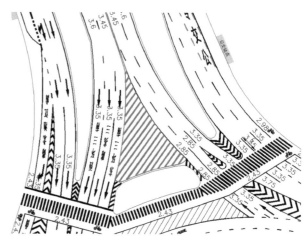

图 12-12 曲江大道进口道改善设计方案示意图

2）在现状交通量数据的基础上，根据各进口道车流流量流向的分布，合理优化信号配时，采用"左转两步控制法"。配时阶段划分见表 12-2。

①环岛各进口均设有两组信号灯，一组控制车辆进入环岛，另一组控制车辆在环岛内通行，通过交替分配进出环岛的车辆通行权，实现多股车流分时交织通过环道交织段。

②为使同一行车方向上的车辆二次停车，同一方向上的进口道入口灯同下游的信号灯协调联动，提高整个环岛的通行效率。

表 12-2 配时阶段划分

阶段名称	早高峰	平峰	晚高峰	夜间
时间范围	7:00-12:00	6:00-7:00、12:00-17:30、19:30-24:00	17:30-19:30	24:00-6:00

第一相位	第二相位	第三相位	第四相位	第五相位	第六相位
环道通行	环道通行+南三环辅道西通行	东西通行+东西环道通行+南三环辅道西通行	东西通行+东西环道通行	环道通行	南北通行+南北环道通行

提升效果

曲江环岛交叉口优化方案实施后，通过交叉口优化前后对比分析可以看出，交叉口现状存在的问题得到明显改善。

1）压缩车道宽度、增设导流线及相应交通标志等设计使交叉口空间资源得到了合理高效的利用，提高了交叉口通行能力。

2）针对不同时段的信号配时方案，特别是"左转两步控制法"，有效提高了交叉口时间资源的利用率。

3）针对人行横道、安全岛等的重新设计以及交叉口内部的连续非机动车道设计，既满足了行人和非机动车交通的通行需求，又保障了其通行安全性。

12.2 » 增设信号灯，施划路面文字标记

12.2.1 大连市港湾广场概况

港湾广场是由大连市区去往东港商务区的重要交通节点，原是环形交叉口，共连接 7 条道路。

问题分析

1）该交叉口连接的 7 条道路交通流量都较大，车流在广场内密集交织，通行效率低，即使在平峰期间广场及周边道路也时常发生交通拥堵，成为大连有名的交通堵点。

2）路口剐蹭事故多发，平均每天发生事故约 13 起，极易引起交通拥堵和次生事故。

3）民警需全时在岗，及时疏导交通和处理事故。交通高峰期需 3~4 名警力在各相交路口进行疏导，占用警力多，特别是在东港商务区举办大型活动期间，港湾广场交通压力巨大，增加了警卫工作、疏导工作的难度。

港湾广场交叉口改善前示例和设计示意图如图 12-13 和图 12-14 所示。

图 12-13 港湾广场交叉口改善前示例

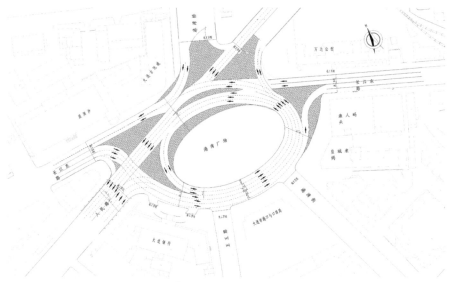

图 12-14　港湾广场交叉口改善前设计示意图

12.2.2　优化设计要点及提升效果

　　针对港湾广场存在的问题，交警部门对港湾广场开展交通组织优化设计，将原环岛式自由通行改为交通信号控制偏心式半环岛与平面交叉相结合的通行方式。

优化设计要点

　　港湾广场改善设计示意图如图 12-15 所示。

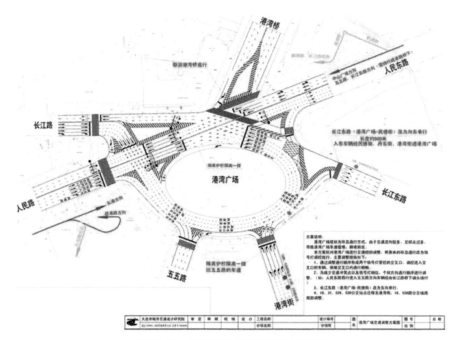

图 12-15　港湾广场改善方案设计示意图

1）在长江路进入港湾广场与人民路进入人民东路交叉点、广场进入长江路与人民东路进入人民路交叉点增设信号灯，调控进入交叉口的车辆，避免车辆抢行，保障交叉口内通行顺畅。

2）通过增设地面文字，加强对驾驶人的信息引导，方便驾驶人根据需求及时选择合适车道，避免频繁变道对交通的影响。

提升效果

改善方案实施后，路口通行效果提升显著，如图 12-16 所示。

1）通过路口时间缩短，车速提高。交通高峰期由人民路进入人民东路，港湾街进入疏港路两条主要道路的通过时间较调整前缩短约 2min。高德交通数据显示，调整后周边道路通行车速平均提高约 7.6%。

2）交通拥堵得到缓解。驾驶人可按照路面文字标记及时选择合适的车道行驶，广场内交通秩序更加规范，未出现车辆滞留。

图12-16 港湾广场改善设计后交叉口示例

3）交通事故显著减少。事故由调整前的平均每天 13 起降低到平均每天 3 起，剐蹭事故发生率较调整前减少约 77%。

4）警力得到释放。交通拥堵得到缓解、交通事故大幅减少，降低了岗勤民警的工作强度，有效释放了警力。

12.3 » 合理布设车道，增设信号灯

12.3.1 商丘市商字口环岛概况

商字口环岛位于商丘市中心城区，是神火大道、南京路两条主干路的汇交点。环岛直径约为 100m，环岛内设立有"商"字雕塑，如图 12-17 所示。商字路口不仅是一个重要的交通节点，同时也是商丘市重要的地标，是城市的形象代表。

图12-17 商丘市商字口环岛现状示例

问题分析

1）交通流量过大，进出环岛的车辆相互交织，导致环岛内的车辆进出交织严重，交通秩序混乱。

2）早晚高峰期间路口需要由5~6名警力进行秩序维护。同时，由于路口范围较大，民警站位过远，相互间的协调不到位，对疏导交通带来一定的难度。

12.3.2 优化设计要点及提升效果

针对上述问题，交警部门对商字口环岛开展了交通组织优化设计。通过交通信号灯管控，从时间上分离进出交通流量，减少交通交织，改善道路交通秩序。

优化设计要点

1）采用环岛内设置左转弯二次停车的方式。在环岛内设置左转车的等候区域，使左转车辆在二次停车等候区域等候，既压缩了左转车辆的通行时间，又避免左转车辆与直行车辆的交通冲突。

2）非机动车仍然采用环岛绕行方式，同时将非机动车道设置在环岛外围通行，避免非机动车与机动车的交通交织。考虑路口的非机动车流量较大，同时三轮非机动车和四轮非机动车的占比较大，非机动车道宽度不低于10m，以保障非机动车通行。

3）由于路口较大，人行横道的长度超过了90m，行人无法在一个信号周期内通过道路。因此利用路口的空间，设置行人过街安全岛，为非机动车和行人提供等候区域。

4）为避免非机动车和机动车在进出口处产生交织，导致进出口交通不畅，在交织区设置黄色网格线，禁止车辆在黄色网格线区域占用道路。

5）由于右转车辆不进行信号控制，环岛内的外侧车道基本是为右转车辆专用。为保障该条车道的通畅，结合右转车辆的行驶轨迹，对右转车辆行驶空间区域设置黄色网格线，禁止车辆占用。商字口环岛渠化设计示意图如图12-18所示。

6）在现有环岛控制方式的基础上，增加交通信号灯控制，特别是对交通矛盾突出的环岛进出口增设交通信号灯。通过交通信号灯控制，对进岛交通与出岛交通进行时间上的分离。

7）合理优化信号配时（见表12-3），避免环岛内大量积车，保证路口车辆通行效率和行人、非机动车的通行安全。

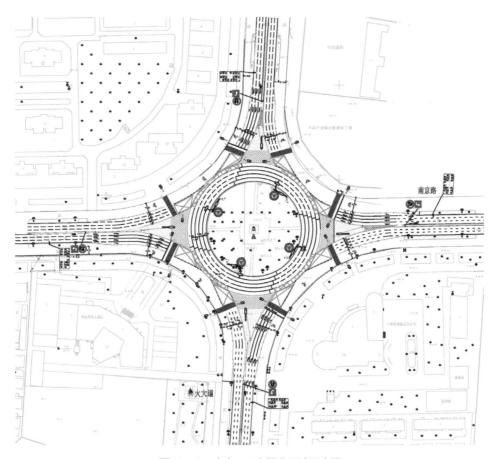

图 12-18 商字口环岛渠化设计示意图

表 12-3 商字口环岛优化信号配时方案 （单位：s）

	周期	南北岛内外放行	南北岛内放行	东西岛内外放行	东西岛内放行
高峰	142	64	15	49	14
平峰	120	55	13	40	12
夜间	100	42	11	38	9

提升效果

优化措施实施后，通过对路口运行状态的 48h 不间断监测发现，环岛内通行效率显著提升，通行时间减少 20%，速度提升 20%。

第**13**章 左转流量较大的交叉口设计实例

Chapter Thirteen

左转交通流量较大的交叉口主要存在的问题或造成的影响：左转车辆在 1 个信号周期内无法通过路口。对于拓宽的左转车道，左转车辆排队溢出甚至会阻碍本进口道直行车辆通行等。

出现上述情形后，首先要分析左转车辆排队长的原因，有针对性地通过空间扩容、时间优化等方式提高左转车辆放行效率。常见的提升措施有：压缩进口车道宽度或拆除绿化带增设左转专用车道、"借道左转"、设置可变导向车道、提前设置掉头通道或禁止车辆掉头、"借道掉头"、采用搭接相位等。

13.1 » 实行"借道左转"（一）

13.1.1 济南市经十路—舜耕路交叉口概况

经十路—舜耕路交叉口是经十路沿线重要节点之一，北接泉城广场、泉城路，南邻皇冠山庄、南郊宾馆、山东文教大厦，路口地理位置示意图如图 13-1 所示。在未设置"借道左转"之前，各

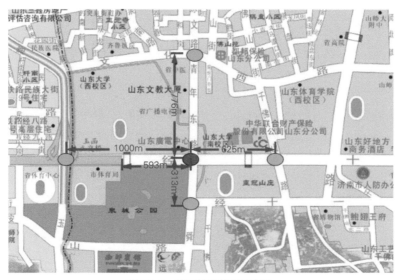

图 13-1 路口地理位置示意图

进口道的交通拥堵严重，尤其是西进口，由于西进口直接与顺河高架相连，交通连续流与信号间断流矛盾突出，特别是左转交通需求已远超过车道本身通行能力，左转车辆经常排队至玉函立交桥下桥口而影响顺河高架车辆正常通行。改善前路口渠化方案示意图如图 13-2 所示。

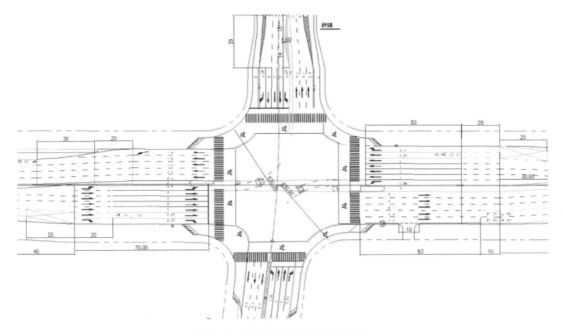

图 13-2　改善前路口渠化方案示意图

问题分析

改善前路口排队现状如图 13-3 所示。

图 13-3　改善前路口排队现状

1）交通流量饱和。路口早高峰交通饱和度达 1.12，晚高峰饱和度达 1.04，路口左转交通量大，尤其是路口西进口直接与顺河高架相连，交通连续流与信号间断流矛盾突出，造成玉函立交至舜耕路之间路段长期出现交通饱和现象。另外，路口西进口的左转交通需求已远超过车道本身通行能力，经常排队至玉函立交桥下桥口，导致下桥口出现交通瓶颈而影响顺河高架。

2）时空转换不连续，道路资源未得到充分利用。南北直行时，东西逆向车道空闲，仅南北右转车辆通行。

13.1.2 优化设计要点及提升效果

优化设计要点

1）分别在东进口 40m 处、西进口 50m 处设置"借道"左转车道，合理利用出口道，解决空间资源闲置问题。改善后路口渠化设计方案示意图和实施效果示例如图 13-4 和图 13-5 所示。

经十舜耕路口交通组织优化方案

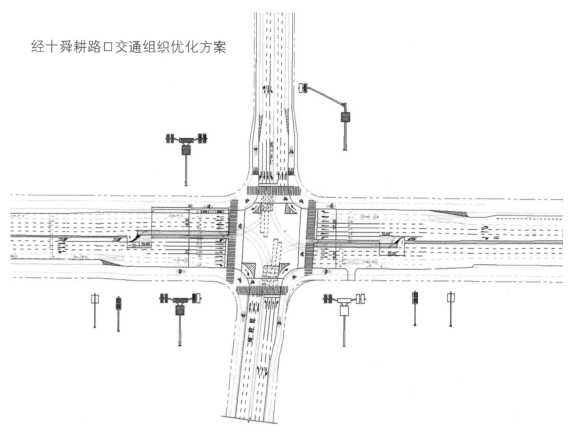

图 13-4　改善后路口渠化设计方案示意图

2）将路口四个方向信号相序由"先直行后左转"调整为"先左转后直行"，使东西向交通组织达到充分利用逆向道路资源借道左转的目的。

3）通过信号灯控制和引导显示屏，在南北直行放行同时，引导左转车辆进入"借道左转"车道待转，如图 13-6 所示。

图 13-5　改善后路口方案实施效果示例

图 13-6　"借道左转"信号灯设置示例

4）在实施"借道左转"的同时，利用同一开口空间实施提前掉头，解决掉头需求，避免掉头车辆占用左转道路资源，缩短左转车辆绿灯通行时间，如图 13-7 所示。

图 13-7　掉头车道设置示例

提升效果

实施"借道左转"后，东西方向在一个信号周期内左转车辆平均可多放行 12~15 辆，左转通过交通量提高 63%，在停止线后的最大排队长度缩短 35%，左转车辆平均延误减少 29%，路口整体通行能力提高 11%。

13.2 » 实行"借道左转"（二）

13.2.1 重庆市龙山路—天竺路交叉口概况

龙山路—天竺路交叉口位于渝北区冉家坝龙山立交与南桥寺转盘之间，是两条纵向干道——余松路和盘溪路之间的重要转换节点。龙山路、天竺路是双向六车道的城市主干路，龙山路—天竺路交叉口是平交十字路口。

问题分析

1）路口早晚高峰期间交通拥堵较为严重。交叉口交通流量已较大，而轨道南桥寺站的施工又带来了部分绕行车辆，转向流量增加并超过其通行能力，造成排队，其中西进口和南进口尤为明显，高峰时排队长度超过 100m。高峰时段交叉口流量情况示意图和路口现状示例如图 13-8 和图 13-9 所示。

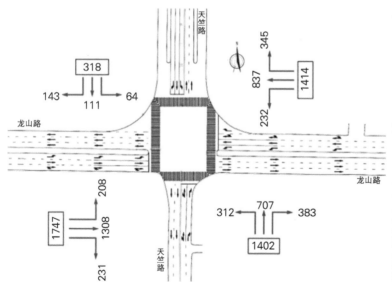

图 13-8　高峰时段交叉口流量情况示意图

图 13-9　路口现状示例

2）西进口处设有一个公交站（五洲新村站），高峰期"公交列车化"现象严重，公交车辆与社会车辆互相干扰，降低了交叉口通行效率。

3）南进口处斑马线提前后未封闭缺口（见图13-10），导致车辆在此驶入驶出人行道停车，不仅影响主路车流和行人的正常通行，还存在安全隐患。

图13-10　南进口人行道隔离栏设置缺口示例

4）交叉口南进口不到50m范围内，左右两侧各设置有1个开口（华渝怡景苑、华渝西苑），允许车辆左转，严重影响交叉口通行。

13.2.2　优化设计要点及提升效果

优化设计要点

1）南进口"借道左转"。根据流量分析，南进口左转、直行及右转流量均较大，而北进口直行流量很小。因此，可在高峰时段，借用出口道设置为左转车道，改"2进2出"为"3进1出"，可有效提升进口通行能力且不涉及道路拓宽、房屋拆迁，投资较少。借用的左转导向车道长30m，渐变段（缺口）长8m，宽3.25m，缺口处增设左转信号灯及相应的提示标志，提示左转车辆驶入（见图13-11）。南进口改造后的现状示例如图13-12所示。

2）西进口削除中央分隔带，增设左转专用车道。削除中分带长约60m，设置为左转专用车道，结合流量情况，重新分配进口车道，划分为左转、直左、直行和直右，提高左转车道的通行能力（见图13-13）。

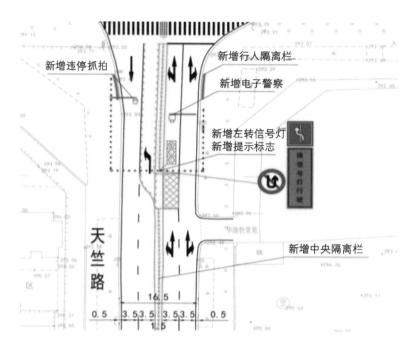

图 13-11　南进口改善方案设计示意图

图 13-12　南进口改造后的现状示例

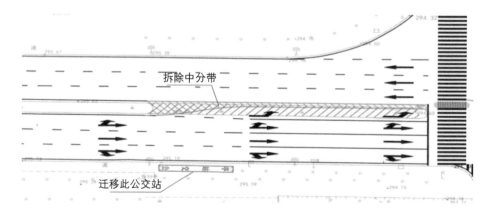

图 13-13　西进口改善方案设计示意图

3）迁移西进口公交站。为满足五洲新村居民的公交出行需求，将公交站往后迁移约110m。若条件允许，建议利用人行道设置为港湾式公交站。

4）将华渝怡景苑及对面小区开口设置为右进右出，减少进出车辆对交叉口的干扰，并增设中央隔离栏，避免路段车辆随意左转和掉头以及行人横穿。增设隔离设施前后示例如图 13-14 和图 13-15 所示。

图 13-14　增设隔离设施前示例

图 13-15　增设隔离设施后示例

综上，龙山路—天竺路交叉口改善方案设计示意图如图 13-16 所示。

提升效果

改善设计方案实施后，路口通行效率得到明显改善：一方面，有效改善了交叉口交通交织问题，规范了路口通行秩序；另一方面，提高了交叉口通行能力，比改造前通行效率提高了 10%。

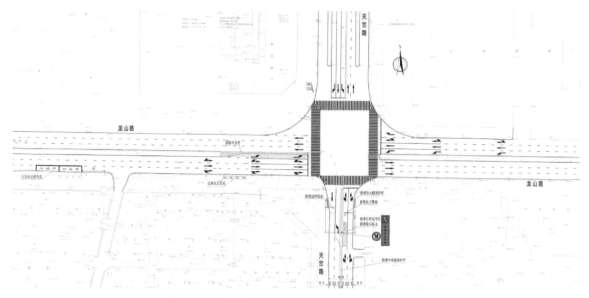

图 13-16　龙山路—天竺路交叉口改善方案设计示意图

13.3 》实行"借道左转"和"提前右转"

13.3.1　聊城市东昌路—柳园路交叉口概况

该交叉口是东西向的东昌路与南北向的柳园路两条最重要的主干路交汇点（见图 13-17），由于沿线集中了优质的商业网点、医疗教育资源、居民小区和众多办公场所，且路网结构存在局限，导致支路少无法分流交通，早晚高峰交通压力大，交通供需矛盾突出。

问题分析

东昌路—柳园路交叉口改善前现状及问题示例如图 13-18 所示。

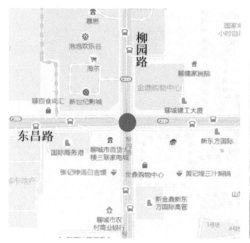

图 13-17　东昌路—柳园路交叉口地理位置示意图　　图 13-18　东昌路—柳园路交叉口改善前现状及问题示例

1）东昌路—柳园路交叉口为老城区大型商业区路口，受到用地限制，交叉口直行车道数无法增加，高峰二次排队现象多，延误大，出行体验较差。

2）柳园路南北进口进入东昌路的左转车道都为2条，而东昌路的东西进口左转车道只有1条，且左转需求大，高峰期间排队长度长，延误较大。

3）交叉口西南、东南、东北3个方向均为百货大楼，工作日非机动车流量非常大，周末行人过街流量大，与机动车冲突严重，过街安全性不足。

4）交叉口面积大，停止线靠后，冲突区域分散，车辆清空时间长，道路通行效率不高，行人过街时间长导致行人斜穿马路影响秩序和安全。

13.3.2 优化设计要点及提升效果

优化设计要点

东昌路—柳园路交叉口改善设计示意图及改善后示例如图13-19和图13-20所示。

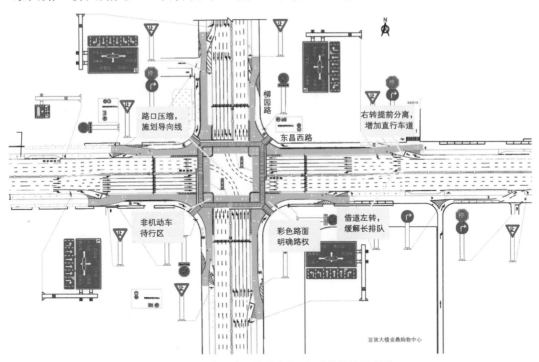

图13-19 东昌路—柳园路交叉口改善设计示意图

1）组织机动车"借道左转"（见图13-21）。在交叉口的东西进口采用"借道左转"交通组织，在进口渐变段打开20m的中央隔离栏供左转车辆借道使用，调整交通信号灯的放行顺序为先左转后直行。

2）组织机动车"提前右转"（见图13-22）。切除部分机非绿化带，将右转机动车提前70m分离，在进口位置将右转车道设置在道路最外侧，右转车道与非机动车之间设置隔离栏，右转车道到达出口位置时再跨越非机动车道汇入主路。机动车提前右转可将机非冲突点远离交叉口，提升交叉口内非机动车放行时的安全以及右转车辆的通行效率；由于右转车道提前分离，相当于每个进口增加一条直行车道。

图13-20　东昌路—柳园路交叉口改善后示例

a）借道左转起点处预信号灯及显示屏设置　　　　b）借道左转运行情况

图13-21　交叉口借道左转交通组织示例

a）提前右转提示标志及起点位置　　　　b）提前右转在进口道的处理

图13-22　交叉口提前右转交通组织示例

3）前移停止线、施划路口导向线。停止线提前，压缩交叉口面积，合理设置左转路口导向线规范行车路径，压缩冲突区域，缩短行人过街距离，减少机动车通过交叉口的时间。

4）施划彩色路面（见图13-23）。明确非机动车和行人通行区域，设置渠化岛和安全岛，施划彩色路面。绿色为非机动车通行区域，红色为行人通行区域，各类交通方式各行其道，保障安全。

图13-23 交叉口内部彩色路面示例

5）设置非机动车待行区。在交叉口内部设置非机动车待行区域，在上一相位放行时，直行非机动车可以提前进入待行区等待通行，符合聊城非机动车流量大的实际情况，提升慢行交通出行体验。

提升效果

经过实施前后对比，交叉口左转放行效率提高了约50%。高峰期间，机动车通过交叉口由实施前的平均两个半周期变为实施后的平均一个周期，路口通行率提高40%，被省交警总队定为全省城市交通示范路口。

13.4 » 借用 BRT 车道掉头

13.4.1 广州市中山大道—天府路概况

中山大道—天府路路口位于广州市天河区中南部（见图13-24），为区域内重要的交通转换节点，高峰期交通压力较大。中山大道是广州城区重要的东西向主干路，双向八车道，路中设有快速公交专用车道（BRT）。高峰时段，该路段双向交通量超过6000pcu/h，路段饱和度超过0.85，服务水平达到E级。天府路为连接中山大道和黄埔大道的重要城市次干路，双向四车道。该路口东西两侧分布有中山大道BRT华景新城站与上社站，距离华南快速中山大道立交约 700m。

图 13-24　中山大道—天府路路口区位示意图

问题分析

中山大道—天府路路口现状示例及东进口改善前示意图如图 13-25 和图 13-26 所示。

1）中山大道—天府路路口东进口车流量较大，掉头及左转车辆较多（包括较多公交车左转），常发交通拥堵。

2）东进口由内到外布置为 1 条 BRT 直行车道、1 条掉头左转混合车道、1 条左转车道与 2 条社会车辆直行车道。混合车道的掉头车辆放行时间比左转车辆放行时间提前了 2 个相位，掉头车辆常被左转排队车辆阻挡，导致掉头车辆无法在绿灯通行时间通过，也加大了东进口左转车道的车辆延误。

图 13-25　中山大道—天府路路口现状示例

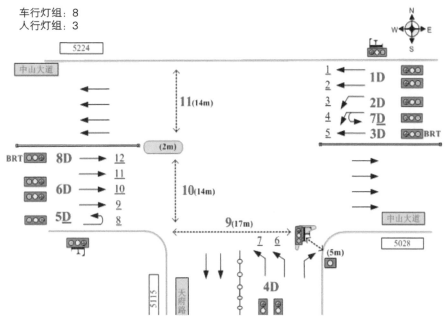

图13-26　中山大道—天府路路口东进口改善前示意图

13.4.2　优化设计要点及提升效果

优化设计要点

　　为缓解中山大道—天府路路口东进口的交通拥堵，提高车辆的通行效率，根据现状交通组织情况，考虑在路口东进口借用同向 BRT 车道掉头。实施情况示例及改善后示意图如图 13-27 和图 13-28 所示。

图13-27　中山大道—天府路路口东进口借道掉头实施情况示例

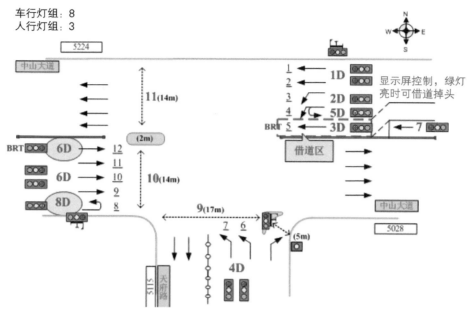

图 13-28　中山大道—天府路路口东进口改善后示意图

提升效果

改善前，东进口高峰期左转车流量为 359pcu/h，掉头车流量为 479pcu/h，左转流量与掉头流量比约为 3∶4，其中左转车道饱和度约为 0.78，左转掉头混合车道饱和度约为 0.73。

改善方案实施后，两条车道饱和度均有所降低，其中左转专用车道服务水平由 D 级上升为 C 级。根据高德数据分析，中山大道—天府路路口东进口交通调整后，中山大道西东往西方向日平均车速由 30.77km/h 提高至 31.79km/h，提升 3.3%；日平均拥堵指数由 1.61 下降至 1.49，下降了 7.5%。路口东进口评价参数指标对比见表 13-1。

表 13-1　路口东进口评价参数指标对比

参数	现状				实施后			
	直行	BRT 直行	左转	左转掉头	直行	BRT 直行	左转	左转掉头
总信号周期 /s	115	115	115	115	115	115	115	115
绿灯时间 /s	62	39	43	76	62	39	43	76
绿信比	0.54	0.34	0.37	0.66	0.54	0.34	0.37	0.66
通行能力 /（pcu/h）	1692	561	459	653	1692	561	459	762
高峰流量 /（pcu/h）	1320	436	359	479	1320	436	310	520
饱和度	0.78	0.78	0.78	0.73	0.78	0.78	0.68	0.68
服务水平	D	D	D	C	D	D	C	C

13.5 » 设置可变导向车道，优化信号配时方案

13.5.1　西安市长乐东路—新医路交叉口概况

问题分析

1）长乐东路—新医路交叉口地理位置示意图如图 13-29 所示，各进口道流量较大。其中，西进口现状车道功能划分为 1 条左转车道、1 条直行车道和 1 条直右车道，高峰期间左转车流量较大，平峰期左转车流量较小，各时段交通流量见表 13-2。如果设置两个左转车道，则平峰期的利用率较低。

图 13-29　长乐东路—新医路交叉口地理位置示意图

表 13-2　长乐东路—新医路交叉口西进口交通流量　（单位：pcu/h）

进口道及交通流向		早高峰	平峰	晚高峰
西进口道	左转	516	183	532
	直行	758	433	786
	右转	285	135	245

2）长乐东路—新医路交叉口现状采用三相位信号配时，信号周期为 140s，交叉口较大，行人过街与机动车冲突严重。

13.5.2　优化设计要点及提升效果

在结合现状交通量调查数据的基础上，结合路口车道功能划分，根据各进口道车流流量流向的分布，总结分析存在问题，从提高通行效率角度，提出设置可变车道来解决问题的思路，并在设置可变车道的基础上优化信号控制配时，提高平峰时段的通行效率。

优化设计要点

1）为提高标志的可视认距离，采用主动发光可变车道指示标志（III类全天候级，即半透型面板显示＋可变车道指示复合型标志），标志版面示意图如图13-30所示，白天和夜晚效果图示例如图13-31和图13-32所示。此外，在地面施划1、2、3、4（路面文字标记），与标志中的1、2、3、4相对应，并采用黄色来增强警示性（见图13-33）。

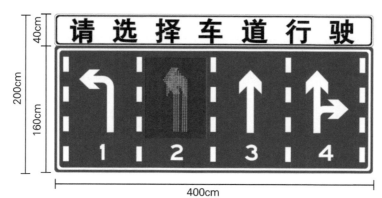

图13-30　标志版面示意图

图13-31　白天效果图示例

图13-32　夜晚效果图示例

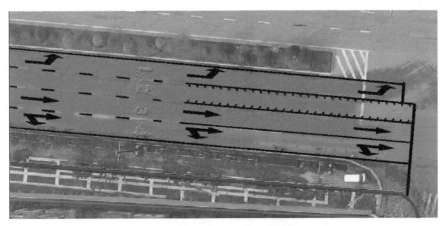

图 13-33 路口落地字符示意图

2）在设置可变车道的基础上，根据各进口道流量流向的分布，对信号控制方案进行优化设计，降低信号时间浪费和交叉口总体延误，提高路口整体通行效率。交叉口信号配时阶段划分见表13-3，其中，早晚高峰及平峰时段的信号配时为3相位，夜间时段为2相位。

表 13-3　信号配时阶段划分

阶段名称	早高峰	平峰	晚高峰	夜间
时间范围	7:00–12:00	6:00–7:00、12:00–17:30、19:30–24:00	17:30–19:30	24:00–6:00

提升效果

改善方案实施后，通过前后对比分析可以看出，交叉口西进口增设可变导向车道后，平峰时段直行、左转放行效率明显提高，减少了左转车道利用率低的现象，同时直行车流排队明显缩短，时间资源和空间资源得到合理有效的利用，大幅提高了交叉口平峰时段的通行能力。

13.6 » 增加左转车道及待转区

13.6.1　南京市江东路—草场门大街交叉口概况

江东路为南北向快速路，主线以隧道形式下穿东西向主干路草场门大街，并在地面形成十字平交路口。因下穿隧道上面承重受限，路口中心绿岛宽 27m。

问题分析

1）该路口作为快速路与主干路的重要交通转换节点，左转交通流量较大。

2）交叉口 4 个进口道的交通饱和度较高，路口空间较大，车辆在路口范围内通行时间长，有效绿灯时间内通行效率较低。

13.6.2 优化设计要点及提升效果

优化设计要点

江东路—草场门大街交叉口改善方案示意图如图 13-34 所示。

1）考虑调整路口进口道车道功能，增加左转车道，除西进口外，路口各个进口道均设置不少于 2 条左转专用道，并增设左弯待转区，充分有效利用路口可用道路空间。

2）提前设置掉头开口，分离掉头车辆，减少掉头车辆对左转车道通行效率的影响。

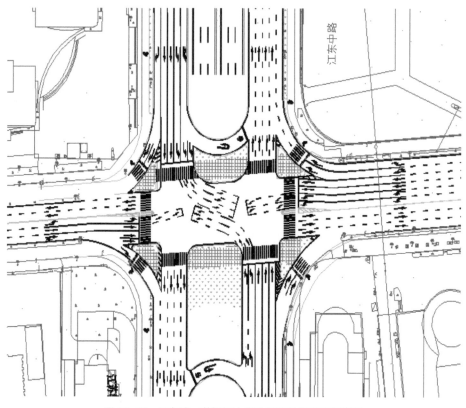

图 13-34　江东路—草场门大街交叉口改善方案示意图

提升效果

改善方案实施后，增加了左转车道的排队空间，提高了有效绿灯时间内的左转通行效率，平均一个周期内多放行了 25% 的左转车流。

第14章 直行流量较大的交叉口设计实例

Chapter Fourteen

当交叉口的交通流量过饱和超出交叉口的通行能力时，往往造成交叉口进口道长距离排队。此时，如果在一个信号周期内排队车辆无法清空，导致车辆二次排队或多次排队时，则极易造成交叉口上游交通流溢出，路口发生锁死现象，从而导致周边路口严重交通拥堵。

为改善交叉口的拥堵现状，应分析排队过长的原因，如车道功能划分、信号控制方案是否存在可优化之处，充分挖掘道路时空资源，提高路口放行效率。常见的改善措施有："车道瘦身扩容"（压缩车道宽度，增加车道数）、拆除部分绿化带等方式增加进口车道、设置左弯待转区和直行待行区、设置可变或潮汐车道、优化调整路口信号控制方案（周期、相位、相序）、取消交叉口范围内的路内停车位等。

14.1 » 禁止左转，优化信号配时

14.1.1 广州市沙太路—京溪路交叉口概况

沙太路—京溪路交叉口位于广州市白云区，路口南北进口道为沙太路，往南连接广州大道和北环高速，往北可快速到达机场高速、京珠高速等高速公路；路口西进口为京溪路，连接沙太路及广州大道；东进口为元岗横路（沙汕路），连接天河客运站和广汕路，地理位置示意图如图 14-1 所示。

沙太路为双向六车道，南北向交通流量较大，高峰期局部路段存在交通拥堵。京溪路为双向四车道，沿线遍布大型居住小区，高峰期道路饱和度较高，道路沿线路口拥堵现象频发。元岗横路（沙汕路）为双向六车道且未设置非机动车道。

问题分析

沙太路—京溪路路口现状交通组织示意图如图 14-2 所示。

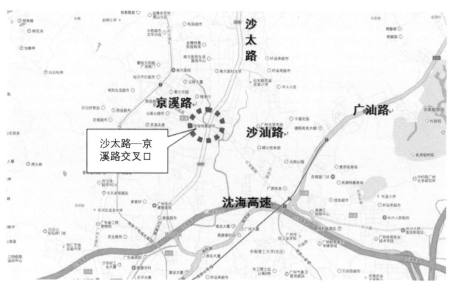

图 14-1　交叉口地理位置示意图

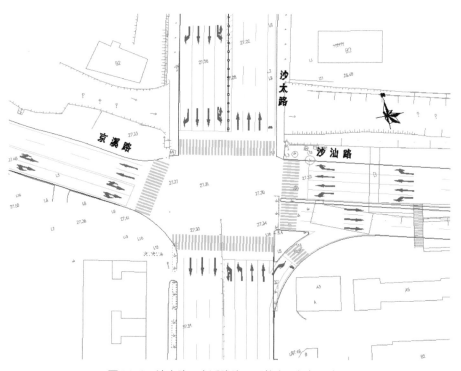

图 14-2　沙太路—京溪路路口现状交通组织示意图

1）沙汕路开通后，该路口从丁字交叉口变成十字交叉口，信号配时方案也从 3 相位变成 4 相位。各进口道绿信比均有所下降，信号周期达到 200s，导致交叉口的通行能力无法满足现状高峰流量需求。

2）各进口道已出现不同程度的拥堵，路口已成为沙太路上的交通堵点，高峰期间各进口道饱和度如下：

- 西进口直行车道饱和度为 1.06，流量超出车道通行能力。
- 南进口直行、左转车道饱和度分别为 1.18、1.17。
- 东进口直行车道饱和度为 1.16。
- 北进口直行车道饱和度为 0.97，接近饱和状态；左转车道受施工围挡影响，通行能力有所下降，饱和度为 0.9。

14.1.2 优化设计要点及提升效果

优化设计要点

沙太路—京溪路路口调整后交通组织示意图如图 14-3 所示。

1）为缓解路口拥堵状况，对路口 4 个方向均实施禁止左转交通组织方式，重新分配进口车道，禁左后原左转车辆通过沙汕路、怡新路口、白云一大队门前路口绕行。

2）禁止左转后，信号相位由 4 相位改为 2 相位，并结合现状流量调整信号配时方案。

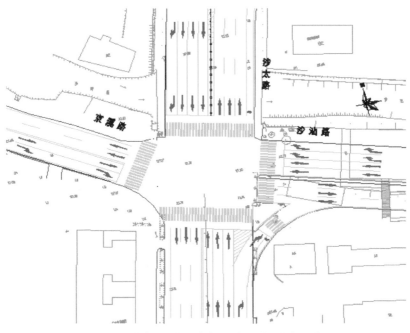

图 14-3 沙太路—京溪路路口调整后交通组织示意图

提升效果

改善方案实施后，路口拥堵状况得到明显缓解，通行秩序与通行效率明显提高，主要体现在：

1）各个进口道直行车道的通行效率大幅提升，排队明显减少。其中，西进口直行车道饱和度下降至 0.42；南进口直行饱和度降低至 0.77，排队现象有所改善；北进口道直行饱和度降低至 0.81，拥堵情况有所改善。沙太路—京溪路路口调整前后饱和度及服务水平见表 14-1 和表 14-2。

表 14-1 沙太路—京溪路路口调整前饱和度及服务水平

参数	东进口			西进口		南进口			北进口	
	左转	直行	右转	直左	直右	左转	直行	右转	左转	直右
饱和度	0.32	1.16	0.71	1.06	0.45	1.17	1.18	0.23	0.90	0.97
服务水平	B	F	D	F	B	F	F	A	E	F

表 14-2 沙太路—京溪路路口调整后通行能力及服务水平

参数	东进口		西进口		南进口		北进口	
	直行	右转	直行	右转	直行	右转	直行	右转
饱和度	0.85	0.44	0.42	0.73	0.77	0.85	0.81	0.31
服务水平	E	B	B	D	D	E	D	B

2）禁左后，原左转车辆的绕行距离相对较短，绕行流量对周边道路影响较小，并且绕行后可快速通过路口（见图 14-4）。

图 14-4 沙太路—京溪路路口改善后交通组织及绕行示意图

14.2 》"移动隔离栏＋灯控"组合

14.2.1 深圳市深南大道—南山大道交叉口概况

深圳市南山区深南大道（南新路至南山大道）路段承担了联系宝安与南山片区的功能，也承担了南山区与福田区等相邻组团间的联系功能，是南北向交通的重要转换节点

（见图14-5）。

图14-5 深南大道—南山大道交叉口区域位置示意图

问题分析

1）早高峰期间，大量车流由107国道、宝安大道和月亮湾大道驶入深南大道，三股连续交通流汇集于深南大道—南山大道路口，道路通行能力严重受制于该交叉口的通行能力，现状早高峰期间交通拥堵严重。

2）东往西方向道路交通顺畅，未达到饱和状态；西往东方向交通拥堵严重且东西向交通具有明显的潮汐现象。

14.2.2 优化设计要点及提升效果

优化设计要点

为缓解道路交通压力，进一步改善深南大道（南新路至南山大道）路段的通行环境，采用"移动隔离栏＋灯控"组合潮汐车道替代原位于深南大道南新路口的80m隔离栏。

1）由于路口早高峰和平峰时段交通流均具有明显的潮汐特征，因此，在深南大道设置潮汐车道，将路段北侧最内侧一条车道设置为潮汐车道，潮汐车道运行时间为早上7:30—9:30，并引导西往东方向的车辆进入该潮汐车道（见图14-6）。

2）配套使用"借道左转"、可变车道等措施，将原来左侧第2条左转车道改为可变导向车道（潮汐管控时间为直行），增加交叉口直行通行能力，提高交叉口通行效率。

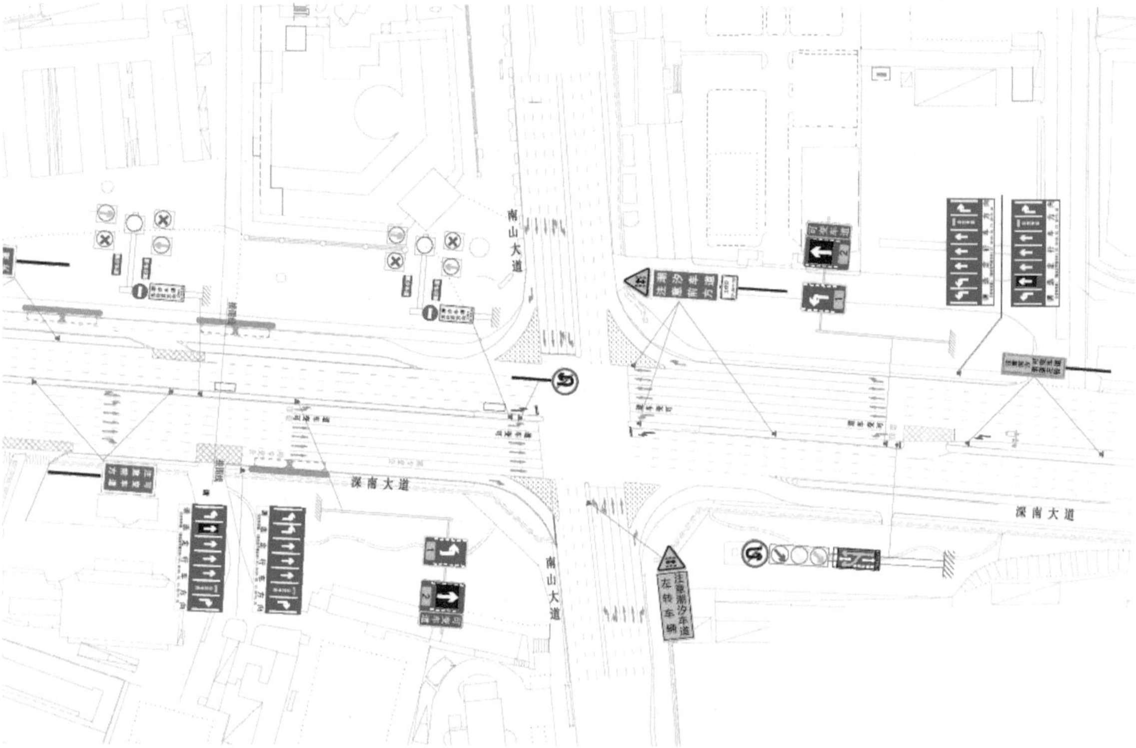

图 14-6 深南大道潮汐车道设计方案示意图

提升效果

改善方案运行两周后，交叉口整体通行能力显著提升，在同样的信号配时下，西进口高峰小时通过流量为 5671pcu/h，较实施前提升了 14.1%。其中，直行车道流量为 4689pcu/h，较实施前提升了 15.2%；左转车道流量为 641pcu/h，较实施前提升了 10.9%，其他次要方向交通量维持不变。随着出行市民逐渐习惯，潮汐车道的使用率不断提高，早高峰期间，潮汐车道使用率已达到 83%，每小时通过车辆约为 223 辆，运行状况良好。深南大道潮汐车道运行示例图如图 14-7 所示。

图 14-7 深南大道潮汐车道运行示例图

14.3 » 取消路内停车位，增加直行车道

14.3.1 广州市滨江东路—上渡路交叉口概况

滨江东路—上渡路路口位于广州市海珠区中山大学东侧，周边有珠江广场、丽景湾等大型住宅小区，居民交通出行需求较大（见图14-8）。路口东侧现状从珠江广场至丽景湾小区设置了路侧咪表停车位，泊位宽度2m。

图14-8 滨江东路—上渡路路口地理位置示意图

问题分析

滨江东路—上渡路交叉口现状示例图如图14-9所示。

图14-9 滨江东路—上渡路交叉口现状示例图

1）由于东进口设置有路内停车位，剩余车行道宽度仅11m，只能设置3条进口车道，但晚高峰东进口车流量高达1614pcu/h（见图14-10），通行能力不能满足交通流量需求，

185

导致该路口交通拥堵严重。

2）车辆乱停乱放、频繁进出等现象对滨江东路东往西车辆通行也产生较大干扰，降低了路口的通行效率。

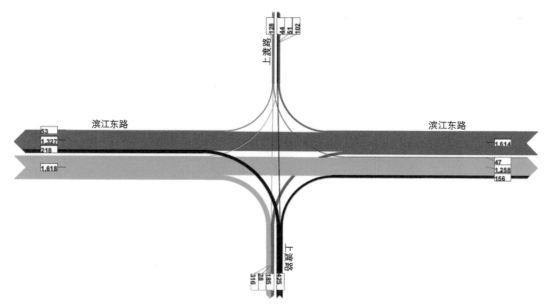

图 14-10　滨江东路—上渡路路口晚高峰流量示意图

14.3.2　优化设计要点及提升效果

优化设计要点

为改善道路拥堵现状，对道路采取如图 14-11 所示的改善方案：

1）取消珠江广场至丽景湾小区路侧咪表停车位，将进口拓宽至 4 条车道，提高东进口的通行能力。

2）完善停车场指示标志，引导车辆至丽景湾小区门口的大型露天停车场停放，停车场内约有 100 个车位。

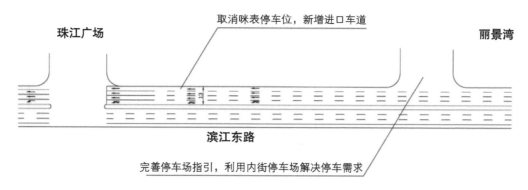

图 14-11　滨江东路—上渡路路口改善方案示意图

提升效果

滨江东路—上渡路路口东进口取消咪表停车位、增加进口车道后，路口通行能力得到提高，东进口的饱和度明显下降，直行服务水平由 F 级上升至 C 级。

14.4 » 压缩绿化带，增加直行车道

14.4.1 武汉市发展大道—黄孝河路交叉口概况

发展大道—黄孝河路交叉口位于武汉市江岸区（见图 14-12），其中发展大道是二环线的地面道路，是一条重要的城市主干路。黄孝河路沿线学校较多，早晚高峰出行集中，通行效率较低。

图 14-12 发展大道—黄孝河路交叉口地理位置示意图

14.4.2 优化设计要点及提升效果

优化设计要点

发展大道—黄孝河路交叉口改善方案设计示意图如图 14-13 所示。

1）根据路口运行情况，考虑压缩发展大道东进口部分绿化带，增设一条直行车道，来提高路口通行效率。

2）取消东侧行人过街斑马线，并设置隔离栏，防止行人随意穿越，消除东进口左转车辆与行人过街的交通冲突。

3）取消南出口的路内停车位，出口道增设为 3 车道。

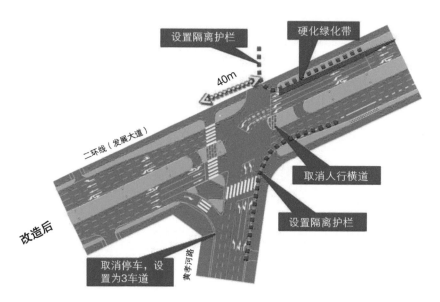

图 14-13　发展大道—黄孝河路交叉口改善方案设计示意图

提升效果

改善方案实施后，路口的交通冲突点明显减少（较改善前减少 12 个），路口通行效率提高 50% 以上。

第15章 行人和非机动车流量大交叉口设计实例

Chapter Fifteen

当行人流量较大时，部分道路由于人行横道宽度设置不足，双向通行的行人易互相干扰，降低行人通过路口的效率。特别是在一些双向六车道以上的道路，行人难以在绿灯时间内一次穿越，同时路段中央缺乏行人驻足等候空间，尚未完全通过路口的行人面临"进退两难"的境地。基于上述分析，在行人交通流量较大的路口，应在尽量保障行人通行安全的基础上，减少行人、非机动车和机动车的相互干扰，同时提高路口的通行效率，主要可采取以下交通措施：施划斜穿式人行横道、增设行人过街安全岛、交叉口边缘增设隔离栏、设置交通连廊或地下通道等，以及采用行人专用信号相位、设置二次过街信号灯等信号控制方式。

当交叉口的非机动车流量较大时，由于骑行人急于过街的心理特征，往往存在非机动车越线停车、不按交通信号行驶等交通违法行为。特别是对于一些特殊的渠化措施，例如交叉口设置实体的物理渠化岛面积不足以容纳待行的非机动车时，容易导致非机动车在岛外停车等候，一方面容易阻碍右转机动车和行人的通行，另一方面右转机动车车速较高，对过街的非机动车和行人有一定的威胁，存在交通安全隐患。主要改善思路为保障非机动车的通行权，减少不同交通方式之间的交通干扰，提高各种交通方式的通行效率。常见提升对策有：设置非机动车专用道及机非隔离设施、机动车停止线后退、设置非机动车待行区、施划非机动车过街通道、非机动车信号灯早启或机动车信号灯迟启、施划彩色路面明确非机动车通行区域等。

15.1 » 设置错位式人行横道

15.1.1 西安市丈八东路—电子正街交叉口概况

问题分析

1）丈八东路—电子正街交叉口位于西安市雁塔区，该交叉口交通量较大，东西进口道无专用左转相位，尤其在高峰时段直行与左转同时放行，是交叉口通过效率较低的主要原因（见图 15-1）。

图 15-1　丈八东路—电子正街路口改善前示例

2）部分进口道渠化措施不合理，没有合理引导车辆的交通标志标线，车辆混行现象严重，影响了车辆行驶安全，并对行人过街造成不便（见图 15-2 和图 15-3）。

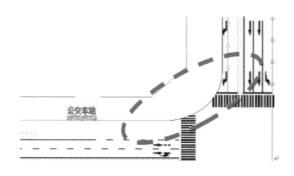

图 15-2　路口西进口道渠化不合理示意图

图 15-3　路口西进口道右转车与公交车冲突示例

3）高峰期间行人流量较大，双向通行的行人互相干扰，并且道路宽度较大，行人在绿灯期间一次过街困难。

15.1.2　优化设计要点及提升效果

优化设计要点

在实地交通调查及分析现状问题的基础上，对丈东八路—电子正街路口渠化方案进行了重新调整，将东西进口道由原来的 3 车道改为 4 车道，并增设专用左转车道和专用左转相位。在各进口道设置错位式人行横道，并在东西进口增加行人过街安全岛。

1）西进口重新划分进口道车道功能，设置 1 条专用左转车道、2 条直行车道、1 条专用右转车道。在停止线前设置错位人行横道，并增设人行过街安全岛。同时铺装彩色沥青，明确非机动车的通行空间。西进口道现状示意图和设计方案示意图如图 15-4 和图 15-5 所示。

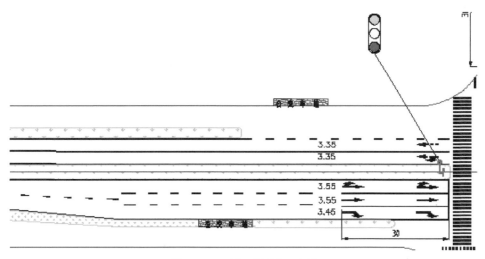

图 15-4　西进口道现状示意图

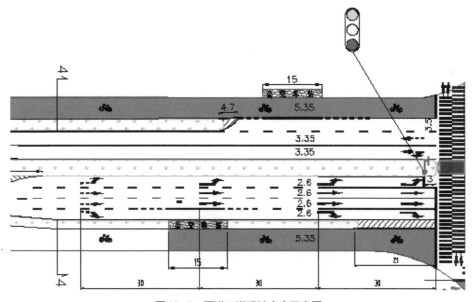

图 15-5　西进口道设计方案示意图

2）南进口在最外侧的绿化带施划导流线。因为南进口道有高压电塔，所以将直行、右转进口道右移，远离高压塔，将人行横道更改为错位式人行横道。由于出口道处为国电西北水利大厦，因此在出入口位置施划黄色网格线和禁停标志，保障大厦进出车辆和非机动车的行驶安全。南进口道现状示意图和设计方案示意图如图 15-6 和图 15-7 所示，改善后示例如图 15-8 所示。

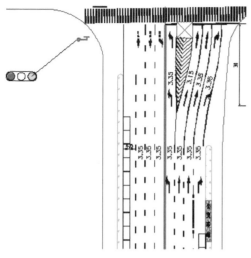

图 15-6　南进口道现状示意图

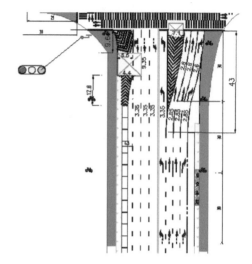

图 15-7　南进口道设计方案示意图

图 15-8　南进口道改善后示例

提升效果

丈八东路—电子正街交叉口优化方案实施后，通过交叉口优化前后对比分析可以看出，交叉口现状存在的问题得到明显改善：

1）重新设计人行横道和安全岛等，改善行人过街交通秩序，显著提升过街安全性，并减少行人过街对机动车通行的影响。

2）通过施划导流线、压缩车道宽度以及增设相关交通标志等措施，使交叉口空间资源得到合理高效的利用，提高了交叉口通行能力。

15.2 » 设置斜穿式人行横道

15.2.1 济南市泉城路概况

泉城路位于济南老城区，是集购物、旅游、娱乐于一体的特色路，同时也是济南最繁华的商业步行街（见图 15-9 和图 15-10）。道路全长 1.6km，为 2 车道道路，采用单行交通组织，社会车辆由东向西单行，道路两侧设置双向公交车道。道路沿线共有 5 个信号灯交叉口，其中趵北路路口和院前街路口为拥堵节点，省府前街路口和县西巷路口交通压力相对较轻，但行人流量较大。

图 15-9　泉城路道路现状示例（一）

图 15-10　泉城路道路现状示例（二）

问题分析

由于泉城路的道路功能是以商业、休闲、旅游等为主，步行是主要出行方式。周末及节假日路口行人交通量较大，尤其是省府前街路口和县西巷路口行人斜穿马路的现象普遍，路口交通秩序较乱并且存在一定的安全隐患。

15.2.2　优化设计要点及提升效果

优化设计要点

为减少行人乱穿马路现象，设置斜穿式人行横道（见图 15-11），并为行人和非机动车交通流设置专用信号相位。

1）在省府前街路口和县西巷路口施划两道"斜穿式人行横道"，允许左转行人和非机动车走"捷径"斜穿路口。

2）在原有的信号灯基础上，在斜穿式人行横道位置增设交通信号灯，并设置 20s 行人过街专用相位。

图 15-11　行人对角线过街实施效果示例

提升效果

由于省府前街路口和县西巷路口均不是泉城路的拥堵节点，且泉城路为单行线，道路交通组织相对简单，故可以设置斜穿式人行横道和行人专用过街相位。

改造后，左转行人和非机动车过街距离平均缩短 23m，过街时间平均减少 29s，延误平均减少 31%，大幅提高路口行人通行能力；通过设置专用的行人过街信号相位，避免了人车争道通行的现象，改善了交通秩序，保障了行人和非机动车过街安全，路口人车事故量同比下降 37%；路口行人和非机动车过街秩序有较大提升，闯红灯、乱穿马路等违法行为减少 27%。

15.3 》 设置非机动车待行区

15.3.1　南宁市长湖路—厢竹大道交叉口概况

该交叉口位于南宁市长湖立交下，由长湖路（路段为双向 6 车道）与厢竹大道（路段为双向 4 车道）相交，是南宁市城区的重要路口。长湖路—厢竹大道交叉口改善前渠化设计示意图如图 15-12 所示。

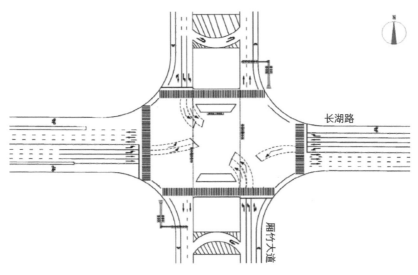

图 15-12　长湖路—厢竹大道交叉口改善前渠化设计示意图

问题分析

改善前，交叉口采用常规四相位控制，非机动车跟随本向进口道的机动车同步放行。由于交叉口的非机动车流量大，"机非"冲突严重，交叉口行车秩序与通行效率均有待改善。长湖路—厢竹大道交叉口改善前高峰期间交通流量见表 15-1，运行状况示例如图 15-13 所示。

表 15-1　长湖路—厢竹大道交叉口改善前高峰期间交通流量

时段	车型	东进口		南进口		西进口		北进口	
		直行	左转	直行	左转	直行	左转	直行	左转
早高峰	机动车 / (pcu/h)	469	716	112	385	310	408	108	258
	非机动车 / (辆/h)	916	352	1292	532	605	286	2781	1140
晚高峰	机动车 / (pcu/h)	401	358	148	425	651	581	179	522
	非机动车 / (辆/h)	1057	336	1542	464	467	457	1207	228

图 15-13　长湖路—厢竹大道交叉口改善前运行状况示例

15.3.2 优化设计要点及提升效果

优化设计要点

1）基于交叉口现状交通特征与问题分析，利用长湖立交桥下的大片空闲区域，设计"非机动车待行区"。为引导骑行人规范进入待行区，在交叉口四个方向设置 LED 屏，当上一相位放行时，引导屏显示"自行车进入待行区"，当其他进口道放行时显示"为遵守交通规则的您点赞"等内容，引导骑行人按交通规则驶入待行区。长湖路—厢竹大道交叉口改善方案及运行示意图如图 15-14 和图 15-15 所示。

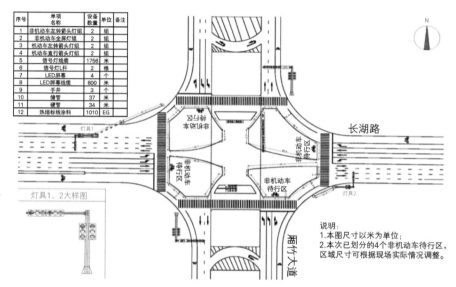

图 15-14 交叉口改善方案示意图

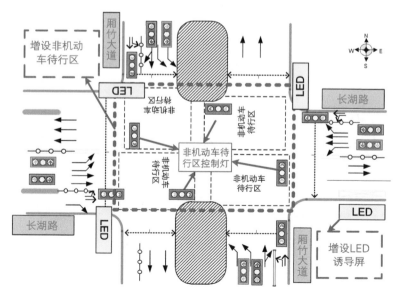

图 15-15 路口改善方案运行示意图

2）在相位放行上采取4个方向单边顺时针轮流放行的方法。以西进口为例（A相位），南进口放行时，西进口的非机动车进入待行区，避免"机非"冲突，改善行车秩序，提高通行效率（见图15-16）。

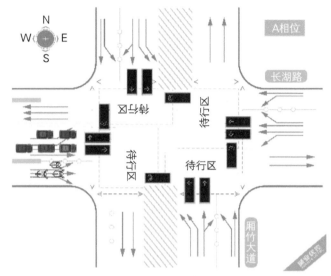

图15-16 西进口相位放行方案示意图（本向直行机动车灯迟启9s）

提升效果

改善方案实施后，路口交通状况得到明显改善：

1）充分利用道路空间资源，实现非机动车"蓄水"管理。充分利用立交桥底的"空闲区域"，将非机动车集中在待行区，实现对非机动车的单独"蓄水"放行管理。

2）缩短信号周期时长，减少机动车等待时间。早高峰时段信号周期由原来的244s优化为227s，减少了17s；晚高峰时段信号周期由原来的252s优化为248s，减少了4s；平峰时段信号周期由原来的205s优化为186s，减少了19s；各进口车辆均无滞留现象，可一次性通过交叉口（见图15-17）。

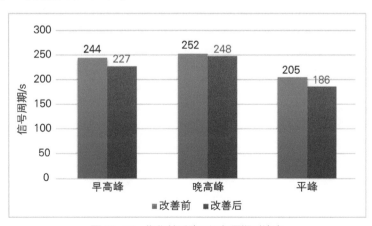

图15-17 优化前后路口运行周期对比表

3）交通冲突减少，通行能力明显提高。从路口通行能力来看，实施方案后早高峰机动车通行能力由原来的 2766pcu/h 提高到了 2970pcu/h，增幅为 7.38%；晚高峰机动车通行能力由原来的 3265pcu/h 提高到了 3476pcu/h，增幅为 6.46%（见表 15-2）。

表 15-2　实施前后机动车各方向通行能力　　　　　　（单位：pcu/h）

时段	东进口		南进口		西进口		北进口	
	直行	左转	直行	左转	直行	左转	直行	左转
实施前早高峰	469	716	112	385	310	408	108	258
实施后早高峰	480	744	152	424	360	452	96	262
实施前晚高峰	401	358	148	425	651	581	179	522
实施后晚高峰	480	430	150	464	704	576	160	512

4）机非冲突减少，交通运行有序。优化后，将非机动车集中在待行区，并且非机动车提前放行，有效分离了机动车与非机动车车流，保障路口运行安全、有序（见图 15-18）。

图 15-18　改善设计后交叉口运行状况示例

15.4 » 非机动车二次过街

15.4.1　济南市经十路—纬一路交叉口概况

经十路—纬一路交叉口地处济南市交通大动脉的经十路，北邻省委、南靠英雄山文化市场，东临山东书城，周边单位多、住宅多、商铺多、居民多，路口机动车、非机动车和行人交通量均较大，交通管理任务繁重。该交叉口地理位置及现状示例如图 15-19 所示。

图 15-19　经十路—纬一路交叉口地理位置及现状示例

问题分析

高峰期路口非机动车交通量约为 7500 辆/h，尤其是东进口和西进口，非机动车流量大，现状存在以下问题：

1）大量非机动车越过停止线停车，导致相交方向非机动车放行时，受到路口停靠非机动车的严重影响，交通秩序混乱。

2）路口部分非机动车随左转机动车一次过街，存在交通安全隐患。

3）停止线和人行横道线设置靠后，并在东南角、西南角设置了转角岛，在东北角和西北角设置了隔离栏，导致非机动车过街必须绕行，部分非机动车为走捷径，不按照规划路径行驶，通行秩序混乱。

15.4.2　优化设计要点及提升效果

优化设计要点

为改善路口运行状况，采用左转非机动车二次顺向过街方式（见图 15-20）。

1）当前方非机动车信号灯红灯时，非机动车在停止线后等候通行，严禁驶入路口，但右转非机动车不受灯控，掉头非机动车在相交方向绿灯时可通过人行横道线推行过街。

2）在 4 个进口非机动车停止线前方喷涂"请勿越线"标识，并在 4 个转角处通过标线和彩色沥青路面设置非机动车待行区，喷涂"X 向 X 待行区"路面文字标记，明确左转非机动车一次过街后停靠区域，规范非机动车停候秩序。

3）为规范非机动车通行秩序，采用行人和非机动车二次过街方式，拆除转角安全岛，并设置交通设施规范其通行轨迹。

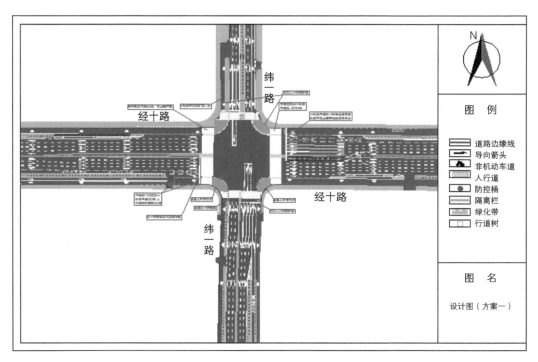

图 15-20　经十路—纬一路交叉口改善方案设计方案示意图

提升效果

改善方案实施后（见图 15-21），有效规范了非机动车通行秩序，非机动车守法率明显提升，机动车通行能力平均提高 6%，非机动车过街时间缩短（过街总长度平均减少 33m），交通事故同比下降 21%。评价分析表见表 15-3。

图 15-21　经十路—纬一路交叉口改善后现状示例
注：东南角和西南角待行区暂未铺设彩色沥青路面。

表 15-3 评价分析表

	机动车评估	行人和非机动车评估	管理评估	安全评估
现状	行人和非机动车秩序混乱,影响机动车通行	行人和非机动车过街绕行距离较远,过街延误较大。但非机动车在路口内过街距离短	存在非机动车斜穿问题、逆行问题、停靠不规范问题,非机动车秩序混乱,不便于管理	非机动车靠近路口等候通行,与相交方向非机动车存在冲突,且影响机动车通行,存在安全隐患
改造后	规范非机动车秩序,减少机非冲突,规范各交通流,提高机动车通行能力6%	1.行人和非机动车二次过街,减少非机动车过街绕行距离和过街总时间 2.非机动车过街总长度平均减少33m,但在路口内过街长度平均延长15m	1.采用二次过街模式,施划非机动车二次过街待行区和停止线 2.禁止非机动车逆行,规范秩序 3.非机动车守法率提升至95%	增设交通设施,规范各交通流,减少冲突,提高安全性,非机动车交通事故同比下降21%

第16章 单行交叉口设计实例

Chapter Sixteen

单行道（单行路）为单向行驶的道路，已进入的车辆应按照标志指示方向行车。采用单行交通组织方式，应注意规范设置单行路标志、禁止机动车驶入等相关交通标志，提前告知驾驶人单行道的位置和起终点，尽量减少驾驶人误闯单行道的情况发生。

16.1 » 机动车单行、公交车双向通行

16.1.1 南京市太平南路、白下路概况

太平南路、白下路为南京市秦淮区主干路，因位于老城区，道路红线宽度有限，无法进行路口拓宽改造。太平南路南端直达夫子庙景区，沿线以商业、居住小区为主，公交线路较多；白下路沿线分布多家医院、企事业单位及居住小区。由于老城区路网密度小，白下路、太平南路作为主干路，承担了片区主要出行压力，双向车流饱和度高，高峰期间交通拥堵严重。

问题分析

1）太平南路的白下路以北路段车行道宽度仅为 16.5m，除两侧各 2m 非机动车道外，剩余路幅路段仅够渠化为机动车 3 车道。白下路车行道宽度为 18~20m，除两侧各 3~4m 非机动车道外，剩余路幅路段仅够渠化为机动车 4 车道。

2）在路口无拓宽空间的情况下，交通渠化困难，形成交通拥堵节点。

16.1.2 优化设计要点及提升效果

优化设计要点

设置单行道后可以减少路口转向需求，提高道路通行效率。针对沿线公交线路较多的交通特性，反向仅允许公交车通行，最大限度地减少公交绕行，方便游客及周边居民的公

共交通出行。

1）白下路、建康路实行单行配对，白下路西向东单行，反向 1 车道仅允许公交车通行。

2）太平南路（长白街以北路段）设置为北向南单行，反向 1 车道仅允许公交车通行，路口的改善设计方案示意图如图 16-1 所示。

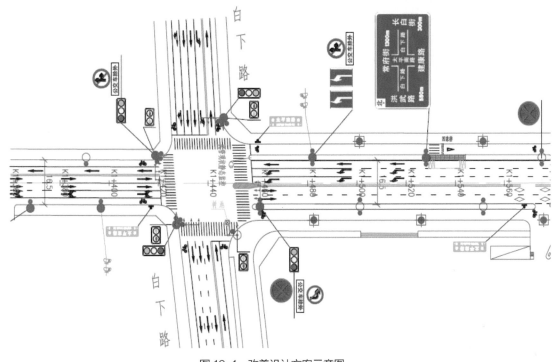

图 16-1 改善设计方案示意图

提升效果

因白下路、太平南路单行实施时间为 1996 年，现已无实施单行前的道路通行交通数据资料，但在实施单向交通组织前，道路呈常态化拥堵，全天车流量均接近饱和。单行方案运行以来，白下路、太平南路交通运行平稳，日常通行的公交线路有 10 余条，是南京市利用单行道反向设置公交专用车道的成功案例。

16.2 » 远引左转，合理设置公交站台

16.2.1 深圳市深南大道—华富路交叉口概况

深南大道—华富路交叉口位于深圳市福田区，路口北进口道为主干路华富路、南进口道为福明路（由南向北单行）（见图 16-2）。深南大道自华富路以西路段交通流为连续流，华富路口是由西向东方向的第一个信号路口。

图 16-2　交叉口现状位置示例

问题分析

1）西进口高峰期间排队长度达到 300m 左右，车辆需要等候 3~4 个信号周期才可通过。

2）公交车流量较大，存在"大巴列车化"问题，并且公交车辆需跨越多个车道左转，严重干扰社会车辆通行，降低交叉口的通行效率。

16.2.2　优化设计要点及提升效果

优化设计要点

深南大道—华富路交叉口设计方案示意图如图 16-3 所示。

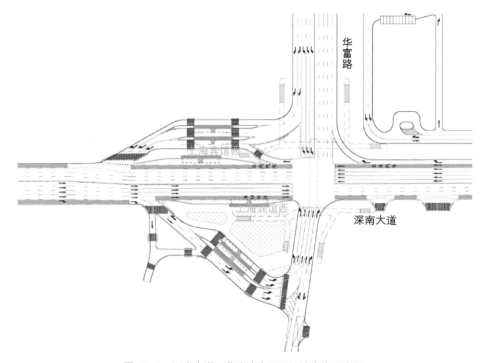

图 16-3　深南大道—华富路交叉口设计方案示意图

1）深南大道西进口道禁左，设置"壶柄型"左转，在交叉口的西南象限设置一条绕行匝道，使西进口道左转车辆利用南进口道（单行）右转再直行，减少一个信号相位。

2）对南进口进行拓宽，结合单行匝道在壶柄处设置公交站台，减少公交车在进口道上游交织的问题。

提升效果

项目实施后，西进口道车辆排队长度减少至 50~60m，一般一个周期内就可以通过，高峰期间通行能力提升约 100%，服务水平由改造前的 E 级提升为 C 级。同时，由于结合交通组织重新设置了公交站台，有效解决了大巴列车化、公共交通斜穿造成交通拥堵等问题（见图 16-4）。

图 16-4 深南大道—华富路实施效果示例

第17章 设置公交专用车道、有轨电车的交叉口设计实例

Chapter Seventeen

公交专用车道是专供公交车辆使用的车道，可设置为全天候或在特定时段使用。公交专用车道为公交车辆提供道路优先通行权，从而提高公交车辆的运行速度和服务水平，以吸引更多的交通出行者使用公交车辆出行。根据公交专用车道在道路断面的位置，可分为外侧式和内侧式两种。

进口道设置公交专用车道主要有以下问题：一是当道路空间受限时，路口进口道数量较少，设置公交专用车道后，早晚高峰期间其他社会车辆交通通行压力较大；二是社会车辆左转或右转交通流与公交车辆相互交织干扰，降低了路口通行效率。

基于上述问题，主要改善思路是减少公交车辆因变换车道与其他社会车辆产生的交通交织，提高路口的通行效率，常见的改善措施包括：借用公交专用车道设置社会车辆右转车道、设置公交专用信号相位（路中式公交专用车道）、公交专用车道与电车轨道合并设置、左转车道外置等措施。

现代有轨电车作为在道路上通行的新型公共交通方式，从国内各城市规划建设和试点情况来看，有轨电车运行线路占用现有道路资源，并与社会车辆并行通行，增加了交通组织的复杂程度，加大了现有道路交通疏堵保畅的压力；而且，现代有轨电车作为公共交通方式，需要倡导并给予在路口一定的信号优先权利。

有轨电车经过的路口在渠化时，应主要考虑避免有轨电车与机动车、非机动车、行人的交通冲突，同时保障各类交通方式的路权及过街安全性。常见的改善措施有设置交通标志标线等明确通行空间、通过合理的交通控制提高有轨电车的通行效率。

17.1 » 直行、右转车辆借用公交专用车道

17.1.1 济南市英雄山路—二七新村南路交叉口概况

英雄山路—二七新村南路为主主相交的信号灯控交叉口（见图17-1），北进口共设

置6个车道，由内向外依次为左转、3条直行、公交车道和右转车道。经调查，北进口北向南方向高峰期直行交通量平均为1610pcu/h，左转交通量平均为470pcu/h，右转交通量平均为580pcu/h。途径北口公交线路共16条，高峰期公交单向约160余班次，客运量约8600人次。

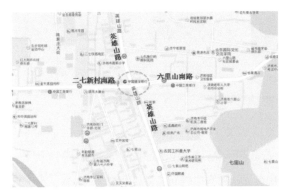 

图 17-1　路口现状示例

问题分析

1）右转交通量较大，右转车辆与公交车辆相互交织干扰，降低右转车辆和公交车辆的通行效率。

2）右转车辆变道时，与直行车辆互相交织影响直行车辆通行，进而影响整个北进口通行效率，该路口成为英雄山路的通行瓶颈。

17.1.2　优化设计要点及提升效果

优化设计要点

为减少北进口右转车辆与公交车相互干扰，提高公交运行效率，对北进口进行交通优化，主要改善措施如下：

1）调整路口车道功能。将外侧直行车道调整为"公交专用直行借道"车道，通勤班车和由站台驶出公交车辆可在公交专用车道和左侧原直行车道行驶，此路口公交专用车道增至两个，可提高公交车辆通行效率（见图17-2）。该设置模式已在经十舜耕路口西进口和经十路五里牌坊路口试点应用，有效保障了公交与右转车辆的有序通行。

2）优化路口导向标志标线。根据车道功能优化路口交通标线，并更换分车道行驶标志（见图17-3）。

3）优化网状线并设置智能抓拍设备。在公交站台南侧施划网状线，提示右转车辆和公交车辆由此变道，同时为保障网状线的禁停效果，设置网状线抓拍标志和电子警察设备。

图17-2　优化改造效果示例

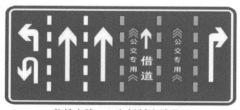

英雄山路—二七新村南路北口

图17-3　分车道行驶标志示意图

提升效果

在保障公交优先的前提下合理分配车道功能，设置"右转借公交"和"直行借公交"等模式，有效缓解因右转交通量大导致的车辆交织影响路口通行效率的问题。路口优化改造后，减少了右转车辆对直行和公交的相互干扰，高峰期右转通行能力提升19%，公交车路口通行延误降低23%；高峰期公交专用车道的大型客车通行量提升至180辆/h，通行能力提升12%；直行平均交通量提升至1790辆/h，通行能力提升约11%。

17.2 » 灵活选择公交专用车道设置位置

17.2.1　深圳市皇岗路—笋岗路交叉口概况

皇岗路北往东左转公交量大（共有12条公交线路左转），其中早高峰左转公交34辆/h、晚高峰84辆/h，其他方向左转公交车较少。此外，东、西进口直行方向公交车流量较大，早高峰东进口直行公交车112辆/h，西进口直行公交97辆/h；晚高峰东进口直行公交52辆/h，西进口直行公交128辆/h，存在潮汐现象（见图17-4和图17-5）。

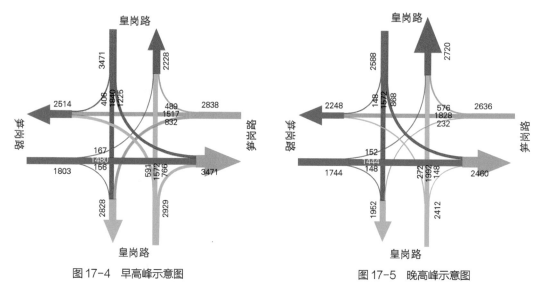

图17-4　早高峰示意图　　　　　　　　图17-5　晚高峰示意图

17.2.2 优化设计要点及提升效果

优化设计要点

为解决进口道公交车与其他社会车辆的交织冲突，提升交叉口通行效率，主要采取以下措施：

1）在北进口最内侧车道设置公交专用车道（见图 17-6），保障公交车转弯半径。

2）东、西进口在外侧设置公交专用直行车道（见图 17-6），同时西进口道减少左转公交线路数量。

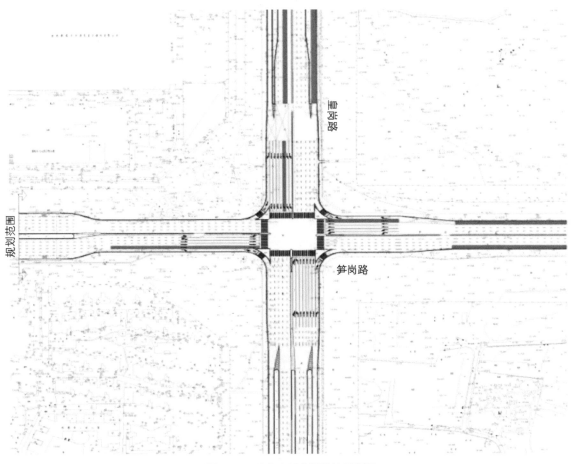

图 17-6 公交专用车道设计示意图

提升效果

项目实施后，由于根据公交车的交通需求在进口道的不同位置设置了公交专用车道，交通运行秩序良好，公交车的运行效率也较实施前大幅提升（见图 17-7）。

17.3 » 公交车左转车道外置

17.3.1 南京市大明路概况

大明路为城市主干路，南起卡子门大街，北至中和桥，贯穿秦淮东部地区，沟通秦淮区与雨花区。由于大明路南端紧邻机场高速与绕城公路，交通量较大，高峰期间常态性拥堵。宏光路为秦淮区生活性次干路，片区公共交通出行便捷。

图 17-7　皇岗路—笋岗路交叉口项目实施后实景示例

问题分析

大明路—宏光路交叉口北进口设置有公交站台，停靠公交线路共 9 条，其中夜间线路 2 条。因公交站台位置距离路口渠化段较近，且设置有公交场站，大量公交车需在路口横跨多股车道左转或掉头，严重影响北向南的社会车辆通行，且一次性掉头困难。

17.3.2 优化设计要点及提升效果

优化设计要点

1）为方便公交车进入南侧场站，将路口东进口最外侧车道设置为左右转车道，并加密导向箭头布设，提前设置分车道指示标志（见图 17-8）。右转车辆不受信号灯控，提高左右车道的通行效率。

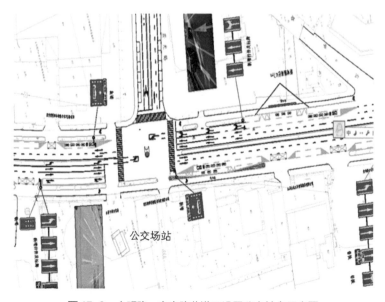

公交场站

图 17-8　大明路—宏光路北进口设置公交站台示意图

2）因大明路—宏光路路口北进口车辆右转空间有限，设置左转待转区便于右转车辆在同向放行直行车辆时通行（见图 17-8）。

提升效果

改善方案实施后，路口通行效率显著提高，车辆排队长度明显缩短，大明路沿线由此路口引发的交通拥堵得到有效缓解。

17.4 » 利用电车轨道设置公交专用车道

17.4.1 大连市西安路概况

西安路为大连市主要的商业圈之一，人、车流量巨大，但道路通行能力较低。西安路单向机动车道为 3 车道，道路中央为有轨电车轨道且沿途设有上下客站点。据前期调研数据统计，路段单向公交客运量接近 7000 人次 /h，路段平均车道断面流量为 1550pcu/h。

问题分析

西安路已达到公交专用车道的设置条件，但如果将公交专用车道设置在机动车道中，那么单向 3 车道的西安路仅有 1 条车道可供社会车辆行驶，早晚高峰期间无法满足社会车辆通行需求。

17.4.2 优化设计要点及提升效果

优化设计要点

针对上述问题，为合理利用道路资源，将公交专用车道与电车轨道结合设置为路中型公交专用车道（见图 17-9）。

图 17-9 西安路设置公交专用车道实施效果示例

1）交通标线。公交专用车道地面标线采用黄色震荡线，车辆驶过震荡线时，有明显连续震荡感，提醒驾驶人车辆已进入公交专用车道，应立即驶离。在各路段起点均设有明显的"公交专用"地面文字标识，方便临近车辆识别专用车道。

2）指示标志。在路段起点设置公交专用车道标志，指示标志采用悬臂式结构，牌面内容为指示公交专用车道的位置、使用时间以及"全程监控"的提醒文字。公交专用车道标志方便驾驶人在较远距离识别专用车道，提前变换车道。

3）网状线。为了保持公交专用车道的连续性，在小路口和车辆需要跨越专用道的位置设置网状线，网状线区域内社会车辆可跨越专用车道行驶。

4）路权分配：

- 部分路段公交专用车道内设有出租车临时停车位，出租车辆可在此处临时占用公交车道停车。

- 允许"车体长度大于或等于6m，且乘坐人数大于或等于20人"的大型客车借用公交专用车道（除中山路、人民路外）通行。同时，校车以及执行任务的警车、消防车、救护车、工程救险车也可通行。

提升效果

采用此设置方式不受沿线交通的横向干扰，公交车辆运行速度较快，且有效解决了有轨电车轨道利用率不高的问题。调整后，早晚高峰公交车运行速度提高17%，其余2车道的社会车辆运行速度提高22%。

17.5 》增设待驶区

17.5.1 武汉市沌阳大道—车城西路交叉口概况

问题分析

沌阳大道—车城西路交叉口为有轨电车转弯路口，由于转弯半径要求，需经过100m的距离才能通过路口，因此只能将沌阳大道东、车城西路南停止线后移，导致路口通行效率降低，早晚高峰交通流量大时，可能出现车辆长时排队，交通延误增加的现象。

17.5.2 优化设计要点及提升效果

优化设计要点

为缓解上述问题，考虑在路口设置待驶区，压缩路口冲突区域，并通过施划路口导向线规范机动车行驶轨迹（见图 17-10）。具体优化措施如下：

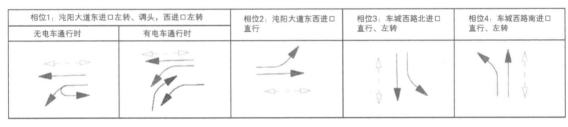

图 17-10 路口设计方案及信号相位示意图

1）沌阳大道东进口设置待驶区，车辆可越过人行横道，停至虚线侯驶区内，缩短通过路口距离。

2）在路口内设置导向线，规范机动车行驶轨迹，避免车辆占用有轨电车通行区域。

提升效果

设计方案实施后，路口通行效率明显提高，车辆排队现象减少，车辆通行规范有序。

第 18 章 匝道和地面交叉口衔接的设计实例

Chapter Eighteen

快速路是重要交通通道，交通流量较大，且快速路一般为无信号控制，下匝道交通流多为自由流，直接汇入地面道路路口。部分匝道与地面路口进口道的交织段距离较短，或进口道功能布设不合理，仍采用传统的"左转 + 直行 + 右转"布设模式，导致匝道驶出的机动车流与地面交通流交织严重，尤其是在早晚高峰期间交叉口交通拥堵严重，已成为城市交通的主要拥堵节点。

为减少匝道出入口对地面道路的影响，应尽量避免匝道出口车辆对主线道路的交通影响：

1）匝道和地面道路之间设置隔离设施，同时地面道路与匝道分别设置左、直、右进口车道，此时内侧右转车辆需采用信号控制或禁止右转，利用周边路网绕行。

2）结合匝道与地面道路交通流量情况，灵活设置进口道车道功能，主要可采用以下几种模式：

- 右转车道布"中"模式。将高架下匝道右转车辆与地面道路右转进行合并布设在车道中央，形成"直行 + 右转 + 直行"的通行模式，可有效消除下匝道右转车辆变更多条车道带来的交通影响。

- 左转或掉头车道布"中"模式。将高架下匝道和地面道路左转或掉头车道进行合并设在车道中央，提前通过标志标线引导地面左转或掉头车辆临近路口时向右变道至中央的左转或掉头车道内，形成"直行 + 左转（或掉头）+ 直行 + 右转"的通行模式。

- 左右转同车道布设模式。主要针对右转流量相对较小，同时路侧车辆出入需求较大且变道困难的情形，在最外侧右转车道增加左转或掉头功能，并采用信号相位控制。但左转红灯时，少量右转车辆需排队等候放行，右转通行效率较低。

3）结合交通组织方式，禁止下匝道某转向的交通流，同时配合设置禁止标线、绕行标志等交通管理设施，使该方向车流通过路网其他道路进行绕行，减少匝道出口处路段的车辆交织，同时平衡路网的交通压力。

4）若进口道车道数不足时，可利用高架桥下桥墩空间增加进口车道数量。

5）匝道处设置信号灯，实现地面和下匝道车辆的交替放行。通过监测下匝道车辆、地面通行车辆和前端路口车辆的排队长度，自动合理分布下匝道车辆和地面车辆的放行时序，实现间隔放行模式。

18.1 » 灵活划分车道功能

18.1.1 济南市北园高架—无影山路口概况

北园高架路（桥下道路为无影山中路）—无影山路下桥口位于济南市天桥区无影山中路与无影山路交叉口附近，北侧为456空军医院和金牛建材市场，南侧为山东省交警总队。该下匝道采用右转匝道设置，接地点位于456医院路口向南137m处（见图18-1和图18-2）。

图18-1 路口地理位置示意图

图18-2 路口改善前示例

问题分析

1）南进口共设置6个车道，由内向外依次为左转掉头、直行、直行、左转掉头、直行、右转，高峰期交通流量见表18-1。

表18-1 路口南进口高峰期交通流量 （单位：pcu/h）

南口直行		南口左转（掉头）		南口右转
地面	桥上	地面	桥上	
912	392	156	764	120

2）由于下匝道为路中式，导致两侧地面左转、直行、右转共6股车流与下匝道的左转、

直行、右转 3 股车流相互交织，严重影响路口南进口的通行效率。

3）外侧右转车道利用率低，且外侧地面道路掉头交通量较大。

18.1.2 优化设计要点及提升效果

优化设计要点

1）南进口外侧右转车道利用率低，将其改为右转和掉头混行车道。同时将南进口车道功能由内向外依次调整为 2 个直行、2 个掉头、1 个直行、1 个右转掉头车道（见图 18-3 和图 18-4）。

2）配套增设交通标志，禁止左侧地面道路车辆右转。

3）优化路口信号配时方案，北进口相位时间减少 5s，用于清空南进口掉头车辆。

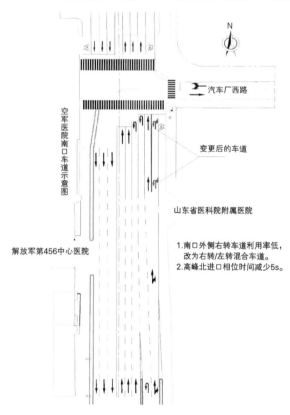

图 18-3　改善后路口渠化设计示意图

图 18-4　改善后路口示例

提升效果

改善措施实施后，下桥口处车辆交织和车流冲突点减少，通行效率得到提高。南进口地面道路排队长度缩短 53m，下匝道车辆排队长度缩短 91m，南口通行效率提升 16%，同期交通事故数下降 32%，拥堵报警量下降 61%。

18.2 》转向禁行 + 精细管理

18.2.1 济南市顺河高架—经四路交叉口概况

问题分析

经四路下桥口周边路网可靠性不高，南北向分流线较少，并且周边土地开发强度大，商业、办公、居住等建筑分布密集。据统计，路口北向南方向高峰时段流量约为 2915pcu/h，其中直行 2103pcu/h，右转 812pcu/h；北口下桥交通量约为 972pcu/h，下桥右转交通量为 590pcu/h，约占下桥交通量的 61%（见图 18-5）。目前由北向南车辆排队长度经常达到近 3km，已形成常态且与北园立交相连而影响北园高架运行。交通问题主要有以下原因：

图 18-5　顺河高架—经四路交叉口高峰时段交通流运行情况示例

1）下匝道落地点距路口过近。北口下桥接地点距路口停止线仅 65m，既无缓冲空间，也无车辆排队储存空间。

2）下匝道车道容量受限。由于设计缺陷，北下匝道仅为单车道，且无应急空间，进入路口前无法分出左转、直行、右转的车流，导致各向车流混行降低通行效率。

3）下桥右转与地面直行冲突较大。下桥右转流量较大，几乎为连续流，但需连续跨越 5 个车道，且与地面直行交通相互交织，安全隐患突出，又影响桥上桥下交通运行效率。

4）由北向东需求加大，绕行交通加剧拥堵。由于老城区的向心和聚集作用，顺河高架下桥车辆和地面顺河西街车辆由北向东需求日益加大，目前北进口为禁左，车辆只能向南直行到渤海桥掉头，回到经四路南进口右转向东运行，加剧了顺河东街通行压力，运行效率较低。

5）东西向主桥面较窄，存在通行瓶颈。经四路与共青团路交界处的东西桥面目前仅为双向 4 车道，而以西的经四路为双向 7 车道，交叉口以东的共青团路为双向 6 车道，为典型的通行瓶颈路段。

18.2.2　优化设计要点及提升效果

优化设计要点

为最大限度地缓解地面拥堵，进一步疏解顺河高架交通，济南交警结合路网条件及交通流运行规律进行调研，采取了如下优化措施：

1）北口匝道下桥车辆禁止右转通行。由于右转交通量较大，且需要跨越多条车道进入外侧右转车道，为避免下桥右转车辆与地面直行交织冲突，对北口下桥车辆实行禁止右转措施。需右转的车辆可向南直行至经七路右转向西；也可直行到路口提前掉头，向北行驶至普利门桥，掉头向南至经四路交叉口右转向西，或左转通过经二路向西，绕行路线如图 18-6 中的绿色线路所示。

2）北口匝道下桥恢复左转和掉头通行。由于共青团路已调整为西向东单行，交通压力减轻，为均衡路网流量，方便市民出行，恢复北口下桥车辆左转，如图 18-6 中的蓝色线路所示。同时，调整车道功能，将内侧第一排车道调整为左转加掉头车道，第二排车道调整为左转车道，第三排车道调整为直行。桥下地面道路需左转向东的车辆，需按现行运行规则向南直行至渤海桥，掉头通过经四路交叉口南进口右转向东通行，绕行路线如图 18-6 中的红色线路所示。

图 18-6　经四路下桥口交通绕行路线布局示意图

3）北进口增设掉头开口。为提高北口车辆掉头效率，减少掉头车辆停车等待时间，同时避免干扰慢行通行，在北口停止线北侧设置掉头口，掉头车辆不受信号灯控制提前掉头。

4）取消路口公交专用车道。为提高北进口顺河西街右转通行效率，减少公交车辆排队对右转的干扰，加之此路段公交车道不连续，运行线路少，道路资源过于浪费，将公交专用车道调整为右转专用车道，公交车辆随直行运行。

5）完善配套设施，提高车辆通行效率。取消顺河西街下匝道信号灯，清除顺河西街停止线；在下匝道落地点处增设"下桥车辆、禁止右转"标志；在下桥车辆排队车道与地面道路车辆排队车道之间安装隔离栏；设置抓拍设备对违法右转或左转车辆进行抓拍取证。

顺河高架—经四路交叉口交通渠化设计示意图如图 18-7 所示。

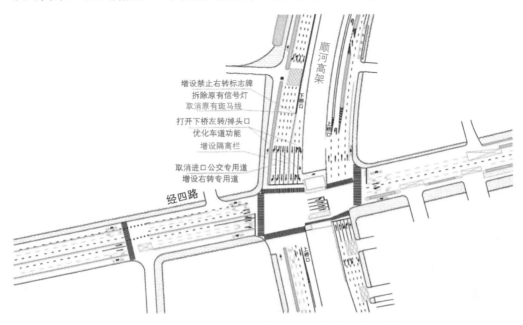

图 18-7　顺河高架—经四路交叉口交通渠化设计示意图

提升效果

顺河高架—经四路交叉口交通优化改造后效果示例（见图 18-8）：

图 18-8　顺河高架—经四路交叉口交通优化改造后效果示例

1）极大地缓解了匝道下桥口交通压力，保障高架主线交通流安全有序行驶。

2）理顺了交通组织流线，减少了车流交织，通过线路诱导绕行提高了路口通行能力。

3）合理分配了道路资源，取消公交专用车道，提高右转车辆通行效率。

18.3 » 设置标线禁止车辆变道

18.3.1 广州市机场路—石榴桥交叉口概况

机场路是广州市南北方向进出城区的交通要道，而机场路—石榴桥交叉口是联系白云区与老城区的重要交通节点，高峰期路口南北方向的车流量较大。

问题分析

该路口北往南方向下游机场立交上桥位处，5 股车流并入 2 车道行驶，上桥位形成较窄的瓶颈点，路口通行效率低下造成北往南方向交通拥堵严重，影响机场路北往南车流疏散。机场路—石榴桥交叉口南侧路段现状问题分析示意图及区域交通组织现状示意图如图 18-9 和图 18-10 所示。

图 18-9　机场路—石榴桥交叉口南侧路段现状问题分析示意图

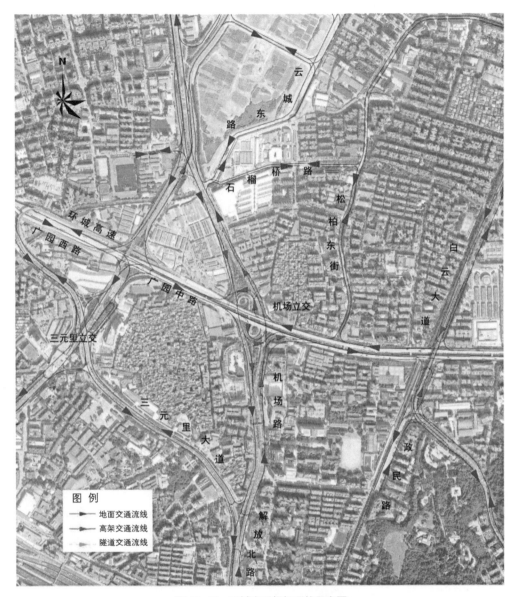

图 18-10　区域交通组织现状示意图

18.3.2　优化设计要点及提升效果

优化设计要点

为缓解该路口的交通拥堵，结合机场路—石榴桥路口南侧路段交通流特点以及地区路网提出具体优化措施如下：

1）从机场路—石榴桥路口北进口下游约 30m 处开始至龙门架桥墩前处（约 70m），在内侧第三、第四车道中间设置禁止标线，禁止车辆变换车道行驶（见图 18-11）。

2）在机场立交北侧龙门架上新增分车道行驶标志以及绕行指引标志，引导内侧第三车道、第四车道往机场路南行车辆前往广园中路立交桥底掉头后右转进入机场路（见图 18-11）。

图 18-11　标志标线优化调整方案示意图

3）将机场立交上桥分岔口处指路标志（1.2m×2.4m）更换为交通指引告示标志（1.2m×2.4m），同时保留"禁止行人和非机动车进入"标志，如图 18-12 所示。

图 18-12　机场立交北侧上桥分岔口处标志调整方案示意图

提升效果

1）通过对比优化措施实施前后的悉尼自适应交通控制系统（SCATS）、闭路电视监控系统（CCTV）采集的交通流量与视频数据，机场路—石榴桥路口南侧路段标志标线调整后，有效缓解了机场路机场立交北往南方向上桥位的交通"瓶颈"问题。

2）机场立交上桥位上游交通通行秩序明显好转，立交北进口通行效率提升约10%，北进口直行车流排队长度减少约12%。

18.4 » 相邻支路单向交通组织

18.4.1 重庆市紫荆路概况

渝北区紫荆路是南北向的一条城市主干路，为双向6车道，中央采用绿化带隔离，北侧连接新溉立交，南侧连接黄泥磅立交，由北向南方向无道路开口连接，由南向北方向分别与紫园路（双向2车道）和紫薇支路（双向2车道）连接并形成T形交叉路口（见图18-13）。紫薇支路和紫园路禁止左转进入紫荆路，紫荆路可以左转进入紫薇支路和紫园路。

图18-13 紫荆路路口现状位置示意图

问题分析

紫荆路路口改善前交通流线示意图如图18-14所示。

1）新溉路立交由北向南方向上跨桥（立交主线）与匝道合流处距离紫薇支路交叉口约100m，左转进入紫薇支路的车辆与直行车辆交织困难，冲突严重。

2）大量匝道方向的左转车辆因需穿越多条车道进入左转导向车道，严重影响上跨桥方向的直行车辆，致使上跨桥排队严重。

3）紫荆路与紫薇支路口进口道为2个左转车道，紫薇支路出口为1车道，存在通行能力不匹配的情况。

18.4.2 优化设计要点及提升效果

优化设计要点

紫荆路改善方案交通流线示意图和改善设计方案示意图如图18-15和图18-16所示。

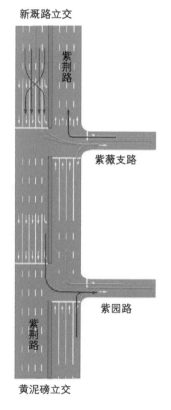

图18-14 紫荆路路口改善前交通流线示意图

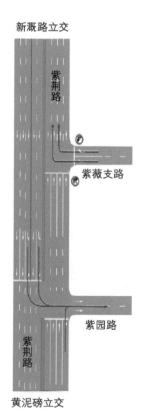

图18-15 紫荆路改善方案交通流线示意图

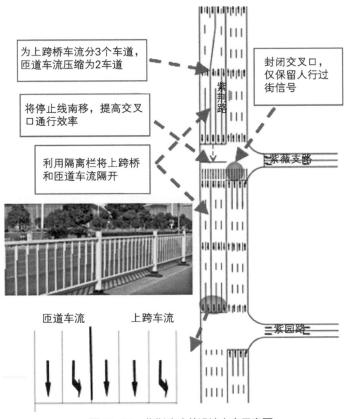

图18-16 紫荆路改善设计方案示意图

1）封闭紫荆路与紫薇支路路口，并从新溉立交上跨桥与匝道的合流点至紫园路路口采取物理隔离，分隔上跨桥（立交主线）和匝道方向的车辆。

2）紫薇支路调整为由东至西的单向通行，紫园路调整为由西向东的单向通行。

3）在紫荆路和紫园路口进口道分别设置上跨桥方向的左转车道和直行车道，匝道方向的左转车道和直行车道，并采用交通信号控制。

提升效果

改善措施实施后，解决了匝道方向与上跨桥方向车流交织、左转进出口道通行能力不匹配等问题。同时，通过信号控制，解决了匝道方向和上跨桥方向不同向车流的相互干扰。

18.5 》减少车辆通过路口距离

18.5.1 大连市五五路—中南路交叉口概况

五五路—中南路交叉口为近似于"人"字形的路口，西侧道路为五五路（双向 2 车道）和南山隧道（双向 6 车道，2 进 4 出）进出口，北侧和东侧道路为中南路（双向 8 车道）。

问题分析

1）中南路主体为南北通行道路，与解放路平行，南部为居民聚集区，早高峰居民北行进入市区的车流量巨大，晚高峰南行驶出市区方向车流量巨大，具有明显的潮汐性。由于南山隧道的建成通车，早晚高峰东行方向通过五五路—中南路路口的车流量增加很多。

2）在原有设计中，路口内部没有进行交通渠化，车辆通过路口距离较长。

3）由中南路左转进入五五路、南山隧道方向车辆需要在路口外排队且只有一条车道，高峰期间中南路西行的排队长度超过 300m，经常会延伸超过中青街；由五五路东行左转进入中南路北行的车辆与从南山隧道东行进入中南路的车辆存在交通冲突。

18.5.2 优化设计要点及提升效果

优化设计要点

五五路—中南路交叉口改善设计方案示意图如图 18-17 所示。

1）充分利用路口内部空间，减少车辆通过路口的距离。将路口重新渠化（见图 18-18），中南路左转进入五五路、南山隧道的车道延伸进入路口。南山隧道东行左转车道延伸进入路口，并取消了五五路东行左转进入北侧中南路的相位，在五五路东行方向道路与南山隧道东行方向道路之间设置隔离栏，强制五五路东行车辆直行进入东侧中南路，减少路口冲突点。以上措施在不影响其他方向车辆行驶的前提下将道路停止线延伸进入路口，缩短了各方向车辆通过路口的距离。

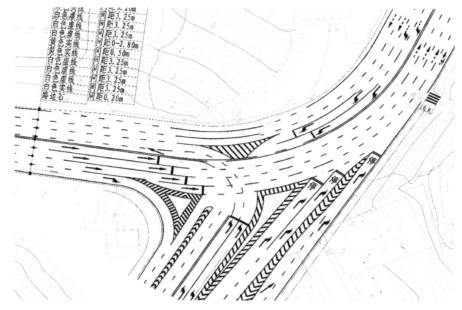

图 18-17　五五路—中南路交叉口改善设计方案示意图

图 18-18　五五路—中南路交叉口改善方案实施后示例

2）中南路拓宽增加 1 条左转进入五五路、南山隧道方向的车道。新增的车道大大增加了路口的通行效率和车辆排队空间，缩短了路口西行方向的车辆排队距离。

3）增设电子交通信息提示标志。在中南路西行方向增设 LED 电子交通信息提示标志，提示车辆前方道路状况，引导车辆提前变道或通过远端道路绕行（见图 18-19）。

图 18-19　LED 电子交通信息提示标志

提升效果

五五路—中南路路口重新渠化后，五五路东行方向车辆排队情况明显改善，南山隧道东行方向干扰减少，通行效率提高 18%。由中南路左转进入五五路、南山隧道的通行能力提升 1 倍以上。交通高峰期间中南路西行方向排队距离明显缩短，交通高峰期间也不会超过 150m，中南路的交通拥堵得到有效缓解。

第19章 道路沿线出入口和短连接路口的设计实例

Chapter Nineteen

城市快速路、主干路等道路沿线单位出入口数量过多，或路口之间间距过近时，出入口进出车辆尤其是左转车辆需要同时跨越多股车道通行，对主路的交通秩序干扰较大，尤其是主路交通流量较大会严重影响主路车辆的运行速度和通行能力，同时存在较大的安全隐患。对于短连接路口，高峰期间连接路段易发生排队溢出现象，形成道路交通通行瓶颈。

基于上述问题，为改善路口的通行状况，主要的改善思路是减少交通流的相互交织、及时清空短连接路段的排队车辆。常见的改善措施主要包括：设置中央隔离设施、"右进右出"控制、左转车辆"远引掉头"、减少道路开口并利用辅道进出、"左转外置"、偏移中心线进行路口展宽、增加进口车道数量、禁止左转或直行、2个交叉口作为1个交叉口进行信号协调控制等措施。

19.1 设置实体渠化岛

19.1.1 南京市江东快速路概况

江东快速路为贯通南京鼓楼区、秦淮区、建邺区的南北向快速路，是南京快速路网的重要组成部分。江东快速路在建设设计阶段，就考虑分离主、辅交通流，对支路与快速路交叉口采取右进右出的交通组织形式，最大限度地减少车辆进出对主线交通影响，支路左转车辆主要采取远引掉头的方式实现左转。

以江东路—牡丹江街、梦都大街交叉口为例。梦都大街为城市主干路，高峰小时交通量为2569辆。牡丹江街为生活性支路，沿线主要为住宅小区。

19.1.2 优化设计要点及提升效果

为改善路口交通现状，考虑支路"右进右出"的控制方式，提前利用中央分隔带开设掉头车道，并拆除路口渠化段的侧分带来增加进口车道数，同时在主要交叉口的辅道处设

置左转车道。具体的改善设计要点如下:

1)江东路—牡丹江街路口只允许右进右出,利用实体渠化岛分流进出车流,提前在允许主线车辆进入辅道处设置指路标志(见图19-1)。

2)江东路—梦都大街路口拆除机非分隔带,增加进口车道数,为辅道车辆增设左转车道,避免左转车在短距离内横跨多股车道;并利用中央分隔带提前设置掉头车道,设置左转待转区,提高左转通行效率(见图19-2)。

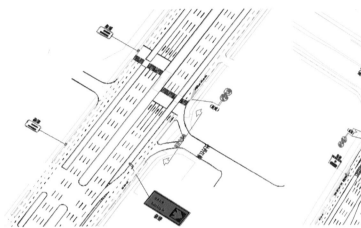 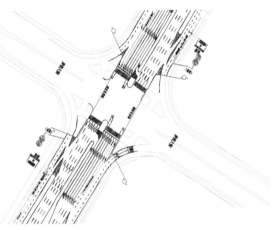

图19-1 江东路—牡丹江街路口渠化设计方案示意图　　　图19-2 江东路—梦都大街路口设计方案示意图

19.2 » 合并道路两侧出入口

19.2.1 杭州市天目山路概况

天目山路贯穿杭州主城区,是连接杭州主城区与西城的主要通道之一。道路主路采用双向6车道,两侧有双向4车道辅道,主路主要供过境车辆行驶,辅道供沿线单位车辆进出。

问题分析

由于辅道车辆频繁进出,对主道车辆造成较大程度的影响,同时交叉口主路左转弯车辆影响了直行车辆通行效率。

19.2.2 优化设计要点及提升效果

优化设计要点

1)关闭了部分主辅路进出口,同时禁止辅路车辆进入主路,减少辅路车辆对主路的影响(见图19-3)。

2)由于辅路道路资源丰富,将左、右转车辆全部引入辅道通行,保障主路直行车辆通行效率（见图 19-4）。

图 19-3　改善后路口现状示例

图 19-4　引导主路左、右转车辆进入辅路示例

提升效果

改善措施实施后，天目山路高峰时段通行效率提升约 15%，路面交通秩序有所改善。

19.3 » 左转车道外置

19.3.1　济南市纬二路交叉口概况

纬二路是济南市区贯穿南北交通的主干路，双向 10 车道，受两侧树木影响，公交专用车道设置在外侧第二条车道，最外侧车道均为直右车道，利用率较低。建国小经三路为城市支路，双向 2 车道，与纬二路相交路口进口道进行了拓宽，路口向西为社区街巷，直行交通量较小；经八路为城市次干路，双向 3 车道，与纬二路的交叉口为 T 形 路口（见图 19-5 和图 19-6）。

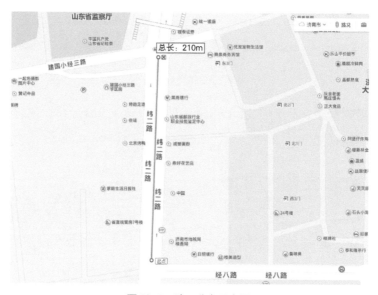

图 19-5　路口分布示意图

a）纬二路车道分布

b）纬二路—建国小经三路西进口

c）纬二路—经八路北进口

d）纬二路—建国小经三路南进口

图19-6 短连接路口各进口道现状示例

问题分析

建国小经三路交叉口至经八路交叉口仅为210m，距离较短，高峰期内左转进入建国小经三路和经八路的交通量较大，车辆需要在短距离内连续变道进入内侧左转车道，且纬二路连接道路距离较短，经常发生交通流排队溢出现象，导致纬二路（建国小经三至经八路路段）成为整条道路的通行瓶颈。

19.3.2 优化设计要点及提升效果

优化设计要点

短连接路口结合交叉口实际调整车道功能，尽量减少车辆连续变道和车辆交织，消除部分冲突点，尽可能减少对直行车辆的干扰。具体改善方案为：

1）重新调整纬二路路段车道功能，将最右侧车道由直右车道变更为左右转车道（见图19-7）。

2）将建国小经三路交叉口西进口最外侧直右车道功能调整为"直左右"三方向通行

车道（见图 19-8）。

图 19-7　纬二路车道功能调整示例　　　　　图 19-8　建国小经三路口西进口交通优化示例

3）对两个交叉口进行信号协调控制，减少溢流现象（见图 19-9）。

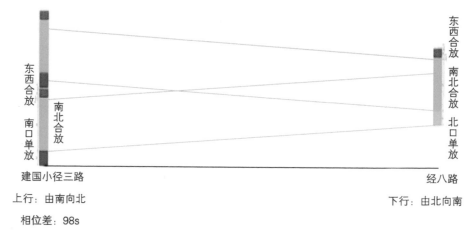

图 19-9　纬二路建国小经三路口至经八路协调控制方案示意图

提升效果

交叉口通过优化改造避免了车辆右转进入交叉口后连续变道进入内侧左转车道的问题，减少了左转车辆与直行车辆的交通冲突，同时解决了交叉口车辆积压的问题，减少了交通流溢出现象，缓解了交通拥堵。

优化后，两交叉口的直行交通量平均提升 12%，左转交通量平均提升 29%，交叉口整体通行效率提升 15%，同期拥堵报警量、市民投诉量与交通事故量明显下降。